四特 教育系列丛书 SITEJIAOYUXILIECONGSHU

锻炼学生记忆力 的智力游戏策划

《"四特"教育系列丛书》编委会　编著

吉林出版集团股份有限公司

全国百佳图书出版单位

图书在版编目（CIP）数据

锻炼学生记忆力的智力游戏策划／《"四特"教育系列丛书》编委会编著 . —长春：吉林出版集团股份有限公司，2012.4

（"四特"教育系列丛书／庄文中等主编 . 学校体育竞赛与智力游戏活动策划）

ISBN 978-7-5463-8621-8

I . ①锻… Ⅱ . ①四… Ⅲ . ①智力读戏－青年读物②智力游戏－少年读物　Ⅳ . ① G898.2

中国版本图书馆 CIP 数据核字（2012）第 041991 号

锻炼学生记忆力的智力游戏策划
DUANLIAN XUESHENG JIYILI DE ZHILI YOUXI CEHUA

出 版 人	吴　强
责任编辑	朱子玉　杨　帆
开　　本	690mm×960mm　1/16
字　　数	250 千字
印　　张	13
版　　次	2012 年 4 月第 1 版
印　　次	2023 年 2 月第 3 次印刷
出　　版	吉林出版集团股份有限公司
发　　行	吉林音像出版社有限责任公司
地　　址	长春市南关区福祉大路 5788 号
电　　话	0431-81629667
印　　刷	三河市燕春印务有限公司

ISBN 978-7-5463-8621-8　　　　　定价：39.80 元

前　言

　　学校教育是个人一生中所受教育的最重要组成部分，个人在学校里接受计划性的指导，系统地学习文化知识、社会规范、道德准则和价值观念。学校教育从某种意义上讲，决定着个人社会化的水平和性质，是个体社会化的重要基地。知识经济时代要求社会尊师重教，学校教育越来越受重视，在社会中起到举足轻重的作用。

　　"四特教育系列丛书"以"特定对象、特别对待、特殊方法、特例分析"为宗旨，立足学校教育与管理，理论结合实践，集多位教育界专家、学者以及一线校长、老师们的教育成果与经验于一体，围绕困扰学校、领导、教师、学生的教育难题，集思广益，多方借鉴，力求全面彻底解决。

　　本辑为"四特教育系列丛书"之《学校体育竞赛与智力游戏活动策划》。

　　学校体育运动会是学校教育教学工作的一个重要组成部分，是体育活动中的一个重要内容。它不仅可以增强学生的体质，同时，也可以增强自身的意志和毅力，并在思想品质的教育上，发挥不可替代的作用。学校通过举办体育运动会，对推动学校体育的开展，检查学校的体育教学工作，提高体育教学、体育锻炼与课余体育训练质量和进行学校精神文明建设等都具有重要的意义。本书旨在普及体育运动的知识，充分调动广大青少年学生参与体育活动的积极性，内容包括学校体育运动会各个单项的竞赛与裁判知识等内容，具有很强的系统性、实用性、实践性和指导性。

　　将智力和游戏结合起来，通过游戏活动达到大脑锻炼的目的，是恢复疲劳、增强脑力、重塑脑功能结构的主要方式，是智力培养的重要措施。

　　青少年的大脑正处于发育阶段，具有很大的塑造性，通过智力游戏活动，能够培养和开发大脑的智能。特别是广大青少年都具有巨大的学习压力，智力游戏活动则能够使他们在轻松愉快的情况下，既完成繁重的学业任务，又能提高智商和情商水平，可以说是真正的素质教育。为了使广大青少年在玩中学习，在乐中提高，我们根据青少年的生理、心理特点，特别编写这套书。我们采用做游戏、讲故事等方法，让广大青少年思考问题，解决难题，并在玩乐的过程中，循序渐进地提高智商和开发智力，达到学习与娱乐双丰收的效果。

　　本辑共 20 分册，具体内容如下：

　　1.《团体球类运动竞赛》

　　学校体育运动的目的是调动学生活动的兴趣，提高学生参加体育运动和各种活动的积极性和参与率，让学生在运动中才能体会到参与的快乐。本书就学校团体球类运动的竞赛与裁判问题进行了系统而深入的阐述，使学生掌握组织团体球类竞赛的方法体例科学，内容全面，具有很强的系统性、实用性、实践性和指导性。

2.《小型球类运动竞赛》

小型球类运动竞赛包括排球、羽毛球和乒乓球等比赛。学校体育运动的目的是调动学生活动的兴趣，提高学生参加体育运动和各种活动的积极性和参与率，让学生在运动中才能体会到参与的快乐。小型球类运动竞赛包括排球、羽毛球和乒乓球等比赛。本书就学校个人球类运动的竞赛与裁判问题进行了系统而深入的阐述，体例科学，内容全面，具有很强的系统性、实用性、实践性和指导性。

3.《跑走跨类田径竞赛》

学校体育运动的目的是调动学生活动的兴趣，提高学生参加体育运动和各种活动的积极性和参与率，让学生在运动中才能体会到参与的快乐。跑走跨类田径竞赛包括长短跑、跨栏跑和竞走等项目比赛。本书就学校跑走跨类田径运动的竞赛与裁判问题进行了系统而深入的阐述，体例科学，内容全面，具有很强的系统性、实用性、实践性和指导性。

4.《跳跃投掷类田径竞赛》

长期来，在技术较为复杂的非周期性田径项目的教学中，一般都采用以分解为主的教学法。这种教学法，教学手段繁琐，教学过程复杂，容易产生技术的割裂和停顿现象，特别是与现代跳跃和投掷技术的快速和连贯性有着明显的矛盾。因此，它对当前进一步提高教学质量产生十分不利的影响。本书就学校跳跃投掷类田径运动的竞赛与裁判问题进行了系统而深入的阐述，体例科学，内容全面，具有很强的系统性、实用性、实践性和指导性。

5.《体操运动竞赛》

竞技性体操包括竞技体操、艺术体操、健美操、技巧、蹦床五项运动。其中，竞技体操男子项目有自由体操、鞍马、吊环、跳马、双杠、单杠六项，女子项目有跳马、高低杠、平衡木、自由体操四项。本书就学校竞技体操运动的竞赛与裁判问题进行了系统而深入的阐述，体例科学，内容全面，具有很强的系统性、实用性、实践性和指导性。

6.《趣味球类竞赛》

学校体育运动的目的是调动学生活动的兴趣，提高学生参加体育运动和各种活动的积极性和参与率，让学生在运动中才能体会到参与的快乐。本书就学校趣味球类竞赛项目运动的竞赛与裁判问题进行了系统而深入的阐述，体例科学，内容全面，具有很强的系统性、实用性、实践性和指导性。

7.《水上运动竞赛》

水上运动包含五个项目：游泳，帆船，赛艇，皮划艇，水球。本书就学校水上运动的竞赛与裁判问题进行了系统而深入的阐述，体例科学，内容全面，具有很强的系统性、实用性、实践性和指导性。

8.《室内外运动竞赛》

室内运动栏目包括瑜伽、拉丁、肚皮舞、普拉提、健美操、踏板操、舍宾、跆拳道等，户外运动栏目包括攀岩登山，动感单车，潜水游泳，球类运动等。本书就学校室内外运动的竞赛与裁判问题进行了系统而深入的阐述，体例科学，内容全面，具有很强的系统性、实用性、实践性和指导性。

9.《冰雪运动竞赛》

冰雪运动主要包括冬季运动和轮滑运动训练、竞赛、医疗、科研、教学、健身、运动器材、冰雪旅游等。本书就学校冰雪运动的竞赛与裁判问题进行了系统而深入的阐述,体例科学,内容全面,具有很强的系统性、实用性、实践性和指导性。

10.《趣味运动竞赛》

趣味运动,是民间游戏的全新演绎,是集思广益的智慧创造,它的样式不同,内容各异。趣味运动会将"趣味"融于"团队"中,注重个人的奉献与集体的协作。随着中国经济文化的迅速发展,人们精神文化生活的丰富,趣味体育也有了更广阔的发展,成为一种新的时尚。本书就学校趣味运动的竞赛与裁判问题进行了系统而深入的阐述,体例科学,内容全面,具有很强的系统性、实用性、实践性和指导性。

11.《锻炼学生观察力的智力游戏策划》

发展观察力的游戏有"目测"、"寻找"、"发现"等。这些游戏可帮助学生加强观察的目的性、计划性,扩大观察范围,使孩子能更多、更清楚地感知事物。本书对锻炼学生观察力的智力游戏项目策划进行了系统而深入的阐述,体例科学,内容全面,具有很强的系统性、实用性、实践性和指导性。

12.《锻炼学生注意力的智力游戏策划》

注意力是儿童普遍存在的问题。他们在听课、做作业、看书、活动等事情上,往往不能集中注意力,也没有耐性。在人们的生活、学习和工作过程中,注意力起着非常重要的作用。有位教育专家说:注意力是学习的窗口,没有它,知识的阳光就照射不进来。本书对锻炼学生注意力的智力游戏项目策划进行了系统而深入的阐述,体例科学,内容全面,具有很强的系统性、实用性、实践性和指导性。

13.《锻炼学生记忆力的智力游戏策划》

记忆力游戏是一种主要依赖于个人记忆力来完成的单人或团体游戏。这类游戏的形式无论是现实或网络中都是非常多的,能否胜出本质上取决于个人的记忆力强弱,这也是一种心理学游戏。本书对锻炼学生记忆力的智力游戏项目策划进行了系统而深入的阐述,体例科学,内容全面,具有很强的系统性、实用性、实践性和指导性。

14.《锻炼学生思维力的智力游戏策划》

这是一本不可思议的挑战人类思维的奇书,全世界聪明人都在做。在这本书里,你会找到极其复杂的,也是非常简单的推理问题,让人迷惑不解的图形难题,需要横向思维的难题和由词语、数字组成的纵横字谜,以及大量的包含图片、词语或数字,或者二者兼有的难题,令你绞尽脑汁,晕头转向!现在,你需要的是一支铅笔和一个安静的角落,请尽情享受解题的乐趣吧!

15.《锻炼学生想象力的智力游戏策划》

学校的智力游戏活动主要是锻炼学生认识、理解客观事物并运用知识、经验等解决问题的能力,它是直接为学生提高学习能力而服务的,也是学生学习知识的实践运用,它不仅具有趣味性,更具有娱乐性。本书对锻炼学生想象力的智力游戏项目策划进行了系统而深入的阐述,体例科学,内容全面,具有很强的系统性、实用性、实践性和指导性。

16.《锻炼学生表达力的智力游戏策划》

语言表达能力是现代人才必备的基本素质之一。在现代社会,由于经济的迅猛发展,人们之间的交往日益频繁,语言表达能力的重要性也日益增强,好口才越来越被认为是现代人所应具有的必备能力。本书从大量的益智游戏中精选了一些能提高青少年记忆力的思维游戏,为广大读者提供一个检视自身思维结构,全面解码知识、融通知识、锻炼思维的自我训练平台。

17.《锻炼学生学习力的智力游戏策划》

学校的智力游戏活动主要是锻炼学生认识、理解客观事物并运用知识、经验等解决问题的能力,它是直接为学生提高学习能力而服务的,也是学生学习知识的实践运用,它不仅具有趣味性,更具有娱乐性。本书对锻炼学生学习力的智力游戏项目策划进行了系统而深入的阐述,在游戏中培养孩子的学习能力。体例科学,内容全面,具有很强的系统性、实用性、实践性和指导性。

18.《锻炼学生空间力的智力游戏策划》

学校的智力游戏活动主要是锻炼学生认识、理解客观事物并运用知识、经验等解决问题的能力,它是直接为学生提高学习能力而服务的,也是学生学习知识的实践运用,它不仅具有趣味性,更具有娱乐性。本书对锻炼学生空间力的智力游戏项目策划进行了系统而深入的阐述,体例科学,内容全面,具有很强的系统性、实用性、实践性和指导性。

19.《锻炼学生实践力的智力游戏策划》

社会实践即通常意义上的假期实习,对于在校大学生具有加深对本专业的了解、确认适合的职业、为向职场过渡做准备、增强就业竞争优势等多方面意义。也有些学生希望趁暑假打份零工,积攒一份私房钱。本书对社会锻炼学生实践力的智力游戏项目策划进行了系统而深入的阐述,体例科学,内容全面,具有很强的系统性、实用性、实践性和指导性。

20.《锻炼学生创造力的智力游戏策划》

本书对创造能力的培养进行研究,包括创造力的认识误区、创造力生成的基本理论、创造力的提升、管理者应具备的技能等,同时针对学生设计的游戏形式来进行创造力的训练。其实,想要激发孩子的创造力,你不必在家里放上昂贵的玩具和娱乐设施。一些简单的活动,比如和宝宝玩拍手游戏,或者和孩子一起编故事,所有这些都能让孩子进入有创意的世界。本书对锻炼学生创造力的智力游戏项目策划进行了系统而深入的阐述,体例科学,内容全面,具有很强的系统性、实用性、实践性和指导性。

由于时间、经验的关系,本书在编写等方面,必定存在不足和错误之处,衷心希望各界读者、一线教师及教育界人士批评指正。

编者

目　录

第一章

学生记忆力的锻炼指导

1. 什么叫记忆力

记忆力是识记、保持、再认识和重现客观事物所反映的内容和经验的能力。

人们在在漫长的社会生活与学习中需要记忆来学习和工作，但人的记忆却因人的个体差异不同其记忆的好坏也不同。根据学术界上对记忆的一般性结论，人的记忆力的好坏有很大差距，这种差距通过人的记忆分类我们就更容易看清。

2. 记忆的分类

（1）按方式分类

记忆，按方式可分为概念记忆和行为记忆。所谓的概念记忆，就是对某一事物的回忆。如科技是第一生产力，大象的体重很重等。这些只是概念上的回忆。

所谓的行为记忆，就是对某一行为、动作、做法或技能等的回忆。这种记忆极少会忘记，因为都涉及具体行动的。如踩单车、游泳、写字或打球等。关于这些的记忆，或许很久不用的话会生疏，但极少会遗忘。

据说，人的大脑的记忆能力，相当于 *1500* 亿台 *80G* 电脑的存储量。觉得记东西难，可能只是困、累，或精神不佳。

（2）根据持续时间分类

对记忆最基本的，也是被广泛接受的分类，是根据记忆持续的时间将其分为三种不同的类型，即感觉记忆、短时记忆和长时记忆。

短期记忆。短期记忆模型在过去25年里面为"工作记忆"所取代，有三个系统组成，即空间视觉形成的短期视觉印象、声音回路储存声音信息，这可以通过内在不断重复长时间存在和中央执行系统管理这两个系统并且将信息与长期记忆的内容建立联系。

长期记忆。记忆的内容不但是按主题，而且按时间被组织管理。一个新的经验，一种通过训练得到的运动模式，首先去到工作记忆作短期记录，在此信息可以被快速读取，但容量有限。出于经济原因考虑，这些信息必须作一定清理。重要的或者通过"关联"作用被联想在一起的信息会被输送到中长期记忆。不重要的信息会被删除。

记忆内容越是被频繁读取，或是一种运动被频繁重复进行，反馈就越是精细，内容所得的评价会提高，或是运动被优化。后面一点的意思是，不重要的信息会被删除，或是另存到其他位置。记忆的深度一方面和该内容与其他内容的连接数目，另一方面与情感对之的评价有关。

（3）根据记忆内容分类

根据记忆内容的变化，记忆的类型有：形象记忆型、抽象记忆型、情绪记忆型和动作记忆型。

形象记忆型是以事物的具体形象为主要的记忆类型。

抽象记忆型也称词语逻辑记忆型。它是以文字、概念、逻辑关系为主要对象的抽象化的记忆类型，如，"哲学"、"市场经济"、"自由主义"等词语文字，整段整篇的理论性文章，一些学科的定义、公式等。

情绪记忆型，情绪、情感是指客观事物是否符合人的需要而产生的态度体验。这种体验是深刻的、自发的、情不自禁的。所以记忆的内容可以深刻的牢固的保持在大脑中。

动作记忆型动作记忆是以各种动作、姿势、习惯和技能为主的记忆。动作记忆是培养各种技能的基础。

（4）根据感知器官分类

感知器官包括视觉记忆型视觉记忆型、听觉记忆型、嗅觉记忆型、味觉记忆型、肤觉记忆型和混合记忆型等。

视觉记忆型是指视觉在记忆过程中起主导作用的记忆类型。视觉记忆中，主要是根据形状印象和颜色印象记忆的。

听觉记忆型是指听觉感知在记忆过程中起主导地位的记忆类型。

嗅觉记忆型是指嗅觉感知在记忆过程中起主导地位的记忆类型。嗅觉记忆是常人都具备的一种记忆。

味觉记忆型是指味觉感知在记忆过程中起主导地位的记忆类型。味记忆也是常人都具备的一种记忆。

肤觉记忆型是指肤觉感知在记忆过程中起主导地位的记忆类型。

混合记忆型是指两种以上（包括两种）感知器官在记忆过程中同时起主导作用的记忆类型。

（5）保持时间的分类

科学家们根据信息论的观点，根据记忆过程中信息保持的时间长短不同，将记忆分为短期记忆和长期记忆两个保持阶段。并通过一系列实验，进一步将这两个阶段分为：瞬时记忆、短时记忆、长时记忆和永久记忆四种。

（6）意识类型的分类

按心理活动是否带有意志性和目的性分类，可以将记忆分为无意记忆和有意记忆。（其中的"意"，心理学上的解释是指"意识"，意识问题很复杂，我们在这里将他解释为"意志性"和"目的性"，仅为了掌握。）结合记忆过程，还可以进一步分为：无意识记、无意回忆、有意识记和有意回忆四种。

无意记忆的四个特征：一是没有任何记忆的目的、要求；二是没有做出任何记忆的意志努力；三是没有采取任何的记忆方法；四是记忆的自发性，并带有片面性。

有意记忆的相对于无意记忆，也具有四个特征：一是有预定的记忆目的和要求；二是需要作出记忆的意志努力；三是需要作出运用一定的记忆方法；四是具有自控性和创造性。

无意记忆和有意记忆是相辅相成的，并在一定的条件下可以相互转化。也就是说，无意记忆可以向有意记忆转化，有意记忆也可以向无意记忆转化。这些条件包括：一、实践或认识任务的需要是两者相互转化的根本条件。二、信息强度的变化是转化的重要条件。三、人的主观处于何种状态是转化的重要条件。四、所掌握的记忆技能的熟练程度是转化的必要条件。五、精神高度集中，然后思想放松，常常是有意记忆向无意记忆转化的有利时机。

3. 影响记忆力的因素

经研究发现，影响记忆力的因素很多，但主要有如下几种：

(1) 压力和不安

严重的情绪危机和压力不但会对记忆造成影响，甚至还会导致身心失衡，让人感觉很压抑，使精神生活笼罩在一片阴影中。举例而言，被抢劫的人往往很难正确地描绘出罪犯的长相和特征，即使能描述出来一些，也不完全准确。大体上说来，通常人们在这种情况下，会将自己的注意力集中在罪犯的凶器和自己如何能逃跑上面。此时，生存的压力过大，人们能仔细记住罪犯的能力便大大降低，有的甚至降为零。

心理学家们曾经表示，适度的压力可以促进记忆力。轻微的压力比没有任何压力更能帮助人们发挥潜能。比如说升学压力过大固然不好，但是完全不当一回事同样也不是好事。物极必反，"人无压力轻飘飘"，同样也做不好什么事情。

有的人容易情绪紧张、不安，动不动就发出悲观消极的感叹，老是抱着负面想法的人很容易忽视生活中正面的、积极的因素，"忧郁"往往使人们陷于悲观的深渊中不能自拔，沉溺于过去，对于未来充满恐惧，这样的状态直接导致其注意力不断降低，集中注意力的功能也不断被弱化，记忆的能力当然日渐衰退。

（2）**睡眠与记忆力**

我们的许多灵感都是在酣睡后的早晨出现的。睡眠可以解除大脑疲劳，同时制造大脑需要的含氧化合物，为觉醒后的思维和记忆做好充分的准备。适度睡眠为记忆和创造提供了物质准备，尤其是快速眼动睡眠阶段，对促进记忆巩固起着积极的作用。

2000 年 12 月，美国《自然——神经科学》杂志发表了哈佛大学医学院的一个新发现：考试之前熬通宵的人第二天反而记不住所需内容了。

研究人员发现，在学习和练习完新东西后好好睡一觉的人，第二天所能记起的东西要多于那些学习完同样的东西后整夜不睡觉的人。因为熬夜会损害记忆。有的人常常熬夜甚至通宵学习，效果反而不高。

如果缺少睡眠，或服用能减少快速眼动睡眠的抗抑郁症的药物，就会出现疲劳、头昏脑胀、眼花心慌、食欲不振等感觉，导致警觉性差、情绪不佳、影响记忆力。

大量事实证明，拥有充分的睡眠，保持清醒和睡眠的自然周期才是最可靠的能长久促进记忆力发展的好办法。要获得深度良好的睡眠，睡前最好避免饮食，不要做剧烈运动，也不要长时间看书，不要在睡眠前考虑太多问题，更不要依赖安眠药。

（3）不良嗜好与记忆力

研究发现，不良嗜好影响记忆力。如过量饮酒和吸烟都会使记忆力减退。

饮酒过量。适量的酒精可以帮助人们消除疲劳，使身体活性化。但是，对记忆而言，酒精却是有百害而无一利。饮酒过量不但会给生活带来种种麻烦，还会导致部分记忆的丧失。由于酒精对脑细胞的麻痹作用，很可能会发生暂时性记忆丧失。

当酒精在人体内被分解时，大脑活动所需的维生素 B 群就会被大量消耗，严重的酒精中毒会使神经细胞受到破坏，引发幻觉或神经错乱，更严重的，甚至导致精神分裂。很多人认为喝酒是生活所必需的，但是，切记应以不损害身体健康为前提。

吸烟。很多研究者的结果都表明，吸烟加速记忆力丧失。人到中年还有吸烟习惯，记忆力受损更加明显。最新研究显示，烟瘾大的人，即一周抽上 15 根香烟以上的烟客，长久记忆与日常记忆都比常人差。

4. 提高记忆的原则

（1）记忆要有明确的目的

实践证明，在其它条件相同的情况下，有明确的记忆目的，则记忆力持久且强劲，反之则短暂而微弱。在一个检查记忆力的实验中，把记忆力大致相同的同学分成两组，然后观看一段录像。其中 A 组同学事先得到明确的提示，大都能寻找出录像中有几处错误，而 B 组同学并没有什么明确的目的，其记忆力明显低于 A 组。

（2）记忆要有浓厚的兴趣

兴趣是增强记忆力的催化剂。一个人对他所感兴趣的信息和对象，会产生高度集中的注意力与观察力，精神上更加亢奋。对地理感兴趣的同学，由于伊拉克战争的吸引和关注，会非常熟悉伊拉克的地图，以及它的地形地貌及周边环境。

（3）记忆要有高度的注意力

只有专心致志，聚精会神，信息和对象才会在大脑皮层中烙上深深的印迹；反之，注意力不集中，无意注意过多，会使人记忆力下降。

（4）记忆要遵循规律，及时复习

记忆与遗忘是对立统一的，人的遗忘是有规律的，表现为最初遗忘的较快，几天后会重新想起来，以后逐渐慢慢地遗忘。因此，在遗忘到来之前，必须及时地复习，以便大大提高记忆的持久性。首先要有简练的复习提纲，依纲复习，"纲举目张"；其次要将及时复习、集中复习、分散复习相结合。

（5）记忆要有良好的心理状态

心理学实验证明，心情舒畅、精神饱满的人，记忆效果就好，反之则差。如何保持良好的心理状态呢？

第一要树立正确的人生观、价值观。第二要客观地评估自己和他人。第三要有遭受挫折的心理准备。第四要善于调控和转移注意力。第五要积极参加公益的集体活动。

（6）记忆要有科学的方法

"劈柴不照纹，累死劈柴人"。记忆力的提高，不能够单纯地靠死记硬背。

第一是理解基础上的记忆和记忆前提下的理解相统一。感性认识是理性认识的基础，没有记忆，不可能上升到理解；而理性认识比感性认识更可靠、更正确、更深刻，没有理解，记忆就像散沙一样，失去应用的价值。

第二是尝试背诵法。尝试背诵应有一个明确的记忆提纲，就像电脑里的目录、路径一样，将知识放在"目录"中，将"目录"融会在知识里，相得益彰，便于知识的提取应用。

第三是联想记忆。①接近联想，用相互接近的事物进行联想。例如：历史上彼得一世的改革和明治维新。②相似联想，用相似的事物联想。例如：伊拉克的地图像靴子。③对比联想，由相反事物的一方想到另一方。例如：民主和专政是证的统一。④归类联想，从同类事物中来联想。⑤因果联想，从原因想结果或从结果想原因。例如：遗传与变异。⑥创新联想，人为创造一种联系进行的联想。例如：万有引力与库仑定律。掌握以上六点并在实践中的灵活运用，相信你定能培养成较强的记忆力，更多的汲取科学文化知识，恣情的在知识的海洋里遨游。

（7）记忆应遵循的其他方法

首先是学会一种或多种观察能力，敏锐的观察力能能帮助我们记忆。其次要站在对方的立场上考虑问题，在记忆中尤其如此。要充分理解的基础上记忆对象。第三开发自己的右脑，把记忆对象形象化有助于记忆。第四掌握歌诀或口诀记忆知识，把互不关联的记忆对象编成歌诀有利于记忆。第五学会特征记忆技巧，找到记忆对象的特点，辨别出其特征有助于记忆。第六学会整理和分类，适当的分散记忆（化整为零）有时比集中记忆效果好。第七充分运用人自身体的五官功能，调动身体各器官协同记忆。

5. 提高记忆力的方法

记忆，就是过去的经验在人脑中的反映。它包括识记、保持、再现和回忆四个基本过程。其形式有形象记忆、概念记忆、逻辑记忆、情绪记忆、运动记忆等。记忆的大敌是遗忘。提高记忆力，实质就是尽量避免和克服遗忘。在学习活动中只要进行有意识的锻炼，掌握记忆规律和方法，就能改善和提高记忆力。

下面介绍增强记忆的 10 种方法：

（1） 注意集中

记忆时只要聚精会神、专心致志、排除杂念和外界干扰，大脑皮层就会留下深刻的记忆痕迹而不容易遗忘。如果精神涣散，一心二用，就会大大降低记忆效率。

（2） 兴趣浓厚

如果对学习材料、知识对象索然无味，即使花再多时间，也难以记住。

（3） 理解记忆

理解是记忆的基础。只有理解的东西才能记得牢记得久。仅靠死记硬背，则不容易记得住。对于重要的学习内容，如能做到理解和背诵相结合，记忆效果会更好。

（4） 过度学习

即对学习材料在记住的基础上，多记几遍，达到熟记、牢记的程度。

（5） 及时复习

遗忘的速度是先快后慢。对刚学过的知识，趁热打铁，及时温习巩固，是强化记忆痕迹、防止遗忘的有效手段。

（6） 经常回忆

学习时，不断进行尝试回忆，可使记忆有错误得到纠正，遗漏得到弥补，使学习内容难点记得更牢。闲暇时经常回忆过去识记的对象，也能避免遗忘。

（7） 视听结合

可以同时利用语言功能和视、听觉器官的功能，来强化记忆，提高记忆效率。比单一默读效果好得多。

(8) 多种手段

根据情况，灵活运用分类记忆、图表记忆、缩短记忆及编提纲、做笔记、卡片等记忆方法，均能增强记忆力。

(9) 最佳时间

一般来说，上午 9~11 时，下午 3~4 时，晚上 9~10 时，为最佳记忆时间。利用上述时间记忆难记的学习材料，效果较好。

(10) 科学用脑

在保证营养、积极休息、进行体育锻炼等保养大脑的基础上，科学用脑，防止过度疲劳，保持积极乐观的情绪，能大大提高大脑的工作效率。这是提高记忆力的关键。

6. 增强记忆力的步骤

如何提高记忆力？很多人对如何提高记忆力这个问题感到很茫然，提高记忆力真的有那么难吗？要提高记忆力，我们可通过增强记忆力两大步骤来实现。

(1) 增强记忆力的第一步骤

记忆力是什么？科学家认为记忆力可分为短期记忆力、中期记忆力和长期记忆力。短期记忆力的实质是大脑的即时生理生化反应的重复，而中期和长期的记忆力则是大脑细胞内发生了结构改变，建立了固定联系。比如怎么骑自行车就是长期记忆，即使已多年不骑了，仍能骑上车就跑。中期记忆是不牢固的细胞结构改变，只有曲不离口、拳不离手反复加以巩固，才会变成长期记忆力。短期记忆力是数量最多又最不牢固的记忆。一个人每天只将 1% 的记忆保留下来。

（2）增强记忆力的第二步骤

我们既然明白了记忆力需要不断复习才能巩固的道理，就可以从物质和技巧两方面着手掌握增强记忆力的诀窍了。

物质方面，要多吃有利提高记忆力的食品，如富有含锌、磷脂，某些不饱和脂肪酸的芹菜、核桃、芝麻、瘦肉等。

提高记忆力技巧方面实际上就是按记忆的生理规律去做。

第一，课堂上要专心听讲、思考吸收，取得较深的短期记忆。下课后当天复习；过几天当记忆开始淡漠时再巩固一次并加以条理化。学而时习之，不亦乐乎，以后每隔一两个月复习一次。这样就可以把短期记忆变成中长期记忆，花最少的时间取得最佳的记忆效果。

第二，复习要记忆的功课最好在早晨或夜里的安静环境中进行。试验证明，晚上 6～10 点和早晨 6～8 点是记忆功能最佳时候。同时要专心，不要被其它干扰或打断。切忌一边听音乐一边背书。这是因为大脑工作时只允许一个中枢于兴奋状态，如果同时有几个兴奋点，必定会心不在焉或三心二意，结果大大降低记忆效果。

第三，记东西时要舒心不要紧张。紧张时去甲肾上腺素分泌增加，它是损害精神集中功能和记忆力的大敌。反之，在宽松环境中，垂体后叶分泌加压素，它对增强记忆功能大有好处。

第四，可以编一些顺口溜将知识条理化、提纲化，使知识形成记忆的系统和网络，这样便可通过联想来增加记忆效果。例如要记唐宋八大家姓名时，可以先记住韩、柳、"三苏"、欧（阳）、王、曾八个姓，然后便于推想出全部姓名等等。

第五，尽量理解要记忆的内容。所谓理解，从生理上说就是把你的知识纳入记忆网络中，并且建立深一层的固定联系。死记硬背不理解的东西是浪费记忆力，也记不牢。

第六，左右转动眼球可有效提高记忆力。如果想快速回忆起某件事，只要将眼球左右来回转动 30 秒，就会产生良好的效果。因为眼球水平转动可以让大脑的左右半球互相沟通，这对于重新勾起人们的记忆至关重要。

7. 提高记忆力的途径

提高记忆力的途径主要是吃和练。

(1) "吃"

吃也可以提高记忆力，这是科学家们建议的，吃一些富含磷脂的食物可以补充大脑记忆所需，比如鱼头、核桃、花生等植物的籽或核，还有蜂花粉、蜂皇浆等保健品也有一些奇特功效。

据报道，日本化学家发现，日本米酒中的一组酶抑制剂有增强记忆的作用。这些酶抑制剂可有效抑制大脑中的酶脯氮酰肽链内切酶（PEP）的活性，这种酶活性过大会降低记忆力。

据美国《洛杉矶时报》报道，适当食用包含天然神经化学的物质可以增强智力，也许还能防止大脑老化。这些有助记忆的食物包括水果和蔬菜、脂肪含量高的鱼类、糖、维生素 B 等。

人大脑中有无数亿个神经细胞在不停的进行着繁重的活动，科学研究证实，饮食不仅是维持生命的必需品，而且在大脑正常运转中也发挥着十分重要的作用。有些食物有助于发展人的智力，使人的思维更加敏捷，精力更为集中，甚至能够激发人的创造力和想象力。

营养保健专家研究发现，一些有助于补脑健智的食品，并非昂贵难觅，而恰恰是廉价又普通之物，日常生活随处可见。以下几种食品就对大脑十分有益，脑力劳动者、在校学生不妨经常选食。

牛奶。牛奶是一种近乎完美的营养品。如果用脑过度而失眠时，睡前一杯热牛奶有助入睡。

鸡蛋。大脑活动功能，记忆力强弱与大脑中乙酰胆碱含量密切相关。实验证明，吃鸡的妙处在于：当蛋黄中所含丰富的卵磷脂被酶分解后，能产生出丰富的乙酰胆碱，进入血液又会很快到达脑组织中，可增强记忆力。国外研究证实，每天吃1、2只鸡蛋就可以向机体供给足够的胆碱，对保护大脑，提高记忆力大有好处。

鱼类。它们可以向大脑提供优质蛋白质和钙，淡水鱼所含的脂肪酸多为不饱和脂肪酸，不会引起血管硬化，对脑动脉血管无危害，相反，还能保护脑血管，对大脑细胞活动有促进作用。

味精。味精的主要成分是谷氨酸钠，它在胃酸的作用下可转化为谷氨酸。谷氨酸是参加人体脑代谢的唯一氨基酸，能促进智力发育，维持和改进大脑机能。常摄入些味精，对改善智力不足及记忆力障碍有帮助。由于味精会使脑内乙酰胆碱增加，因而对神经衰弱症也有一定疗效。

花生。花生富含卵磷脂和脑磷脂，它是神经系统所需要的重要物质，能延缓脑功能衰退，抑制血小板凝集，防止脑血栓形成。实验证实，常食花生可改善血液循环、增强记忆、延缓衰老，是名符其实的"长生果"。

小米。小米中所含的维生素 B1 和 B2 分别高于大米 1.5 倍和 1 倍，其蛋白质中含较多的色氨酸和蛋氨酸。临床观察发现，吃小米有防止衰老的作用。如果平时常吃点小米粥、小米饭，将益于脑的保健。

玉米。玉米胚中富含亚油酸等多种不饱和脂肪酸，有保护脑血管和降血脂作用。尤其是玉米中含水量谷氨酸较高，能帮助促进脑细胞代谢，常吃些玉米尤其是鲜玉米，具有健脑作用。

黄花菜。人们常说，黄花菜是"忘忧草"，能"安神解郁"。注意：黄花菜不宜生吃或单炒，以免中毒，以干品和煮熟吃为好。

辣椒。辣椒维生素 C 含量居各蔬菜之首，胡萝卜素和维生素含量也很丰富。辣椒所含的辣椒碱能刺激味觉、增加食欲、促进大脑血液循环。近年有人发现，辣椒的"辣"味还是刺激人体内追求事业成功的激素，使人精力充沛、思维活跃。辣椒以生吃效果更好。

菠菜。菠菜虽廉价而不起眼，但它属健脑蔬菜。由于菠菜中含有丰富的维生素 A、C、B1 和 B2，是脑细胞代谢的"最佳供给者"之一。此外，它还含有大量叶绿素，也具有健脑益智作用。

11、橘子。橘子含有大量维生素 A、B1 和 C，属典型的碱性食物，可以消除大量酸性食物对神经系统造成的危害。考试期间适量常吃些橘子，能使人精力充沛。此外，柠檬、广柑、柚子等也有类似功效，可代替橘子。

12、菠萝。菠萝含有很多维生素 C 和微量元素锰，而且热量少，常吃有生津、提神的作用，有人称它是能够提高人记忆力的水果。菠萝常是一些音乐家、歌星和演员最喜欢的水果，因为他们要背诵大量的乐谱、歌词和台词。

(2)"练"

好的记忆力都是练出来的，包括世界级的记忆大师们也都是靠后天训练培养出来的超级记忆力，一般的，比较有效地训练方法有三个：

第一是速读法（又叫全脑速读记忆）：速读法是在快速阅读的基础上进行记忆训练的，实际上，两者是同时进行也是相互相成的，别以为阅读速度快了记忆就差了，因为这里靠的不是左脑意识的逻辑记忆，而是右脑潜意识的图像记忆，后者比前者强 100 万倍。通过速读记忆训练的朋友都知道，速度越快记忆越好，关于这个问题只要你实践一下就会有所体会。

第二是图像法（又叫联结记忆术）：图像法也是运用右脑的图像记忆功能，发挥右脑想象力来联结不同图像之间的关系，从而变成个让人记忆深刻的故事来实现超大容量的记忆。

第三是导图法（又叫思维导图）：思维导图是一个伟大的发明，不仅在记忆上可以让你大脑里的资料系统化、图像化，还可以帮助你思维分析问题，统筹规划。

8. 锻炼记忆力的技巧

（1）多听音乐帮助记忆

保加利亚的拉扎诺夫博士，以医学和心理学为依据，对一些乐曲进行了研究，发现巴赫、亨德尔等人的作品中的慢板乐章，能够消除大脑的紧张，使人进入冥想状态。他让学生们听着节奏缓慢的音乐，并且放松全身的肌肉，合着音乐的节拍读出需要记忆的材料。学习结束之后，再播放 2 分钟欢快的音乐，让大脑从记忆活动中恢复过来。很多试验过这种方法的学生都觉得记忆效果很好。

（2）背诵经典提高记忆

我们知道，人常常在看书和学习中甚至是休闲时会经常背诵一些名篇、成语、佳句、诗歌短文、数理公式、外文单词和技术要领知识吗？那可是锻炼记忆力的"硬功夫"呀。马克思青年时就是用不熟练的外文背诵诗歌，锻炼自己的记忆力的。每天坚持 10 至 20 分钟的背诵，也能增进记忆力。

（3）身心运用记忆效率高

科学证明，正确的重复是有效记忆的主要方法，特别在人在学习中通过自己的脑、手、耳、口并用进行知识记忆时，记忆的效率高效果好。因为当你记忆时，应该用脑想，也要口念、手写，在学习中不知不觉地调动了自身更多的记忆"通道"参加记忆，这样使自己的记忆痕迹加深，记忆效果当然更好。

（4）奇思怪想强记忆

我们在学习与看书时往往对一些数字、年代不易记住。如果你善于联想记忆，便好记了。如桩子表和房间法或叫罗马房法和图像字法，是联想法的具体化。你可以将桩子或房间用来当成图像的存放处桩子，原理就是让要记忆的东西来跟已知的东西做连接。原来的东西就叫"桩子"，把新的要记忆的事物与桩子连接，此法用于大量数据和外语的记忆。

（5）多咀嚼能增记忆力

科学证明：人的咀嚼是能有效防止记忆衰退方法之一。有人认为，其原因在于咀嚼能使人放松，如果老人咀嚼得少，其血液中的荷尔蒙就相当高，足以造成短期记忆力衰退。如我们在观察人群中就会发现，经常咀嚼的人牙齿就好，吃饭更香，学习能力和记忆能力也随之增强。又如美国人最爱咀嚼口香糖就是例证。

（6）唠叨助长记性

唠叨，在某种程度上帮助女性延长了记忆和寿命。唠叨在语言运用中也是重复说某一个事情某一个人，经常地重复当然必须加深唠叨人对某一事或某一个的关注和记忆。专家认为，女性比男性更乐于与人言语交流；男性进入老年期后，沉默寡言居多。而言语是不可或缺的心理宣泄方式，可防止记忆衰退。

（7）巧妙饮食助记忆

摄取适量的"健康油脂"可减少血栓的发生，例如橄榄油、鱼油是维持血液正常循环的好选择，含有丰富维生素、矿物质的蔬菜水果也是保持健康的上佳选择。有不少的人，不是记忆不得法，而是大脑中缺乏记忆信息传递员，即乙酸胆碱。如果你经常吃点上述食物，便可极大地改善你的记忆力。

（8）多玩耍增强记忆力

人的躯体活动能改善健康情况，精神活动则能减轻记忆力衰退。特别是那些爱玩爱活动的人们兴趣广泛、涉猎众多、知识面广、记忆也强。科学证明：爱跳舞、读书、玩纸牌、学外语等活动项目都能在不同程度上增加神经突触的数目，增强神经细胞间的信号传导，巩固记忆。

（9）运动健身可防止记忆衰退

一般情况而言，身体健康，爱好体育运动和热爱生活的人，精力充沛，学习力强记忆力当然也强，人们在锻炼身体时可以促进大脑自我更新。专家认为，长期的心血管运动可以减少因年龄增长出现的脑组织损失，可以减轻记忆力衰退。多项研究表明，要保持大脑活跃，只需经常运动。一周锻炼三到四次的在校儿童，在 10 岁或 11 岁时考试成绩一般都较高。经常走路的老年人在记忆测试中的表现要比那些惯于久坐的同龄人好。通过向消耗能量的大脑输入额外的氧气，锻炼能增强智力。

最新研究还反驳了人出生后就不能再产生新的脑细胞这种说法。相反，研究发现体育锻炼实际上能促进新脑细胞的增长。在老鼠身上，锻炼引起的脑力增强效果在与学习和记忆有关的海马状突起上表现得最为明显。

（10）家庭幸福情愉悦身心防脑衰

大量社会调查早已证明，家庭幸福对学习者而言是提高学习记忆力必要条件，特别是相恋的人或夫妻俩人的两情相悦的幸福感会使双方体内分泌激素和乙酰胆碱等物质，有利于增强机体免疫力，延缓大脑衰老。

9. 用生物钟提高记忆力

研究证明，合理的利用生物钟，掌握最佳学习时间，能有效提高工作效率和学习效率。

一天中什么时候人的记忆力最好呢？什么时候才是最佳学习时间呢？据生理学家研究，人的大脑在一天中有一定的活动规律：

6～8点

机体休息完毕并进入如兴奋状态，肝脏已将体内的毒素全部排净，头脑清醒，大脑记忆力强，此时进入第一次最佳记忆期。

8～9点

神经兴奋性提高，记忆仍保持最佳状态，心脏开足马力工作，精力旺盛，大脑具有严谨、周密的思考能力，可以安排难度大的攻坚内容。

10～11点

身心处于积极状态，热情将持续到午饭，人体处于第一次最佳状态。此时为内向性格者创造力最旺盛时刻，任何工作都能胜任，此时虚度实在可惜。

12点

人体的全部精力都已调动起来。全身总动员，需进餐。此时对酒精仍敏感。午餐时一桌酒席后，对下半天的工作会受到重大影响。

13～14点

午饭后，精神困倦，白天第一阶段的兴奋期已过，精力消退，进入24小时周期中的第二低潮阶段，此时反应迟缓，有些疲劳，宜适当休息，最好午睡半到一小时。

15～16点

身体重新改善，感觉器官此时尤其敏感，精神抖擞，试验表明，此时长期记忆效果非常好，可以合理安排一些需"永久记忆"的内容记忆。工作能力逐渐恢复，是外向性格者分析和创造最旺盛的时刻，可以持续数小时。

17～18点

工作效率更高，体力活动的体力和耐力达一天中的最高峰时期，试验显示，这段时间是完成复杂计算和比较消耗脑力作业的好时期。*19~20点*：体内能量消耗，情绪不稳，应休息。

20~21点

大脑又开始活跃，反应迅速，记忆力特别好，直到临睡前为一天中最佳的记忆时期（也是最高效的）。

22~24点

睡意降临，人体准备休息，细胞修复工作开始。

10. 用颜色标签提高记忆力

自然界虽然五光十色，但最基本的色彩只有赤橙黄绿青蓝紫和灰白黑几种，如果我们将一种颜色标识为一种数字，那么这十种颜色的对应数字可标识为*1234567890*，即赤*1*橙*2*黄*3*绿*4*青*5*蓝*6*紫*7*，灰*8*白*9*黑*0*。

如果你熟悉彩虹颜色，应该不难记忆前*7*种颜色。*1*是赤。或者想象树*1*上的枫叶是红的吧。*2*是橙。想象鸭子*2*是从橙子里面生出来的。*3*是黄，想象米老鼠，穿着黄马褂。*4*是绿。现在都提倡绿色环保的汽车*4*。*5*是青。手里握着两条青蛇。（夸父逐日的夸父就两手握蛇，渴死在邓林）*6*是蓝。想象牛在蓝天下自由自在的吃着草。*7*是紫。悬崖*7*上开满了紫色的郁金香。或者用"妻子"的谐音。*8*是灰。不倒翁官吏*8*穿着灰袍，或者眼镜*8*上都是灰。或者用谐音扒灰。*9*是白。用谐音白酒。*0*是黑。想象黑洞*0*。或者漆黑的山洞。

别小看了这个只有十个数字的标签，用处可大呢。碰到*3*位数需要记忆，可以转化位颜色标签＋*2*位数数字标签。只用一个图像。比如有的时候恰巧碰到朋友告诉你的电话分机号是*3*位。*134*。用颜色标

签 +2 位数标签记忆。就是红色的山狮。想象威风凛凛浑身红毛的山狮。就不用非要用什么一个老鼠在和山狮决斗了。

更大的用途在记忆人的外貌特征上。只要你细心观察生活，用颜色标签加地点标签，你完全可以在 5 到 10 分钟内记住几十个人的基本外貌特征甚至加上他们的名字！

记忆很多人物的外貌特征时，最好是用地点标签。因为比较容易加入场景。比如你已经选好了 1 到 50 的地点标签。比如 1 是你家大门口。2 是个面馆，3 是小学……一直下去。50 到了人民广场的博物馆……你碰到的第一个人是个男孩，身上的主要特征是穿着一件红色的衬衫，跨着一个黑色的皮包。你就可以想象你家大门口有一张台球桌，一个男孩在打台球。注意台球 10 是红 1 黑 0 颜色的组合。这远远比你想象一个穿红衣带黑包的年轻人站在大门口记忆深刻的多。当然前提是要对颜色标签非常熟悉。一般你记忆一个人 2 个主要穿着特征足够了。

另外一个好处是也非常方便穿插进人名。比如假设这个例子中的人叫杨志明。你就可以想象原来是一只有颗痣的羊（杨志）在明亮的灯光下在打台球。当你再看到这个人的时候，你马上可以想到他的特征，原来是红黑。是台球桌，放在那里？在家门口。谁在打台球，一个有颗痣的羊，旁边是非常明亮的灯光。杨志明！如果你运用熟练了，下次有聚会，在很短的时间里记住 10 几个或者几十个人的名字和他出场的次序就不是难事了吧。

另外一个关于颜色转换的非常实用的方法是夸张颜色，用一个代表物代表他。比如，红色想象成鲜血，够刺激感官了吧。返回前面提到的 134，就可以记忆成浑身是血 1 的山狮 34 了。因为 1 是什么颜色是红，红色的具体代表物是血。是不是印象比红毛的山狮更深刻了？例如灰色就用很脏的灰尘，白用棉花或者白纸，黑用墨水，用炭等。回到上面这个年轻人的例子。不用颜色的数字标签。你也可以转化为一个浑身是血1，满身是墨水0的男孩站在你家门口。不用担心你用其他图像覆盖了本身的图像，人的大脑是很神奇的。你看过了这个人肯定有印象。通过红黑你就可以回忆起他的主要特征。还用上面的例子。你如果还要加入他的电话号码134，只要把这个张着血盆大口的山狮带进你的场景。想象他正扑向打台球的男孩呢！

通过上面方法，你记住轻松的人物的出场次序，他的主要外貌特征，他的名字，他的电话号码……够神奇吧训练记忆人外貌的最简单方法就是到闹市地区，观察经过的人群。给自己规定好时间，去记忆从你身边经过的人的外貌，然后回想。如果有些图像模糊或者忘记了，反思和总结问题出在哪里。多加练习，你一定可以进步神速，发现其中无穷的乐趣，别人也一定对你刮目相看啦。上述例子可以灵活运用，对于有些有其他明显特征的外貌可以直接运用未必用颜色标志了。比如大鼻子，想象他是马戏团的小丑。卷头发想象波浪或者卷毛狗等。怎么样？还不赶快行动吗？试试看你神奇的记忆力吧。只要坚持和努力，一切皆有可能！

11. 快速提高记忆力的训练

第一步　使身心轻松舒适

首先，要把你的整个身心放松，使之处于一种轻松舒适的状态，由此使你的大脑安静下来，使疲劳的脑细胞得到休息和恢复，从而提高大脑的活力。

原则上，只要你回忆起你过去有过的"轻松舒适"的体验，那么你的身心就会处于轻松舒适状态了。

在形象控制法里，把能够使人"身心轻松舒适"的体验，叫做基本形象。把相应的练习叫做基本练习。在这一步的练习操作过程中，要注意掌握以下两方面：一是练习前的注意事项；二是练习要领。

（1）练习前的注意事项

第一，开始练习时，尽量减少外部对人体的刺激，最好把眼镜、腰带、手表、鞋等东面摘掉或松开，练习的地点应是比较安静、通风、温度和光线适中。随着练习的深入，养成了习惯，也可以坐在公共汽车上或呆在教室里等环境条件下进行练习。

第二，练习开始时，最好采用标准姿势，慢慢习惯以后可以采用任何姿势来进行。所采用的姿势不要产生不舒服的感觉，以免影响放松效果。

（2）练习时的两种姿势

一般采用的姿势为靠式或两种坐式。

靠式：坐在安乐椅或沙发椅上，把身体的背部和头部靠在靠垫上，使两腿平行着地，不可悬空，使腿部轻松舒适。

两个胳臂放在扶手上，手心向下，要求两肩轻松自然。两腿分开与肩的宽度相似。

坐式：采用什么样的椅子都行，用凳子也可以，或者只要有一个坐的地方。

椅子高度适宜，一般要求两脚着地而不悬空，放松两肩，头部稍向前倾，这时把身体和头部彻底地伸展一下，以消除身上的紧张感觉，这样就能取得很好的姿势。

两只手的手心向下放在大腿上，并使它们不要相互碰到。两腿自然分开处于舒适状态。

此外还可以采用站式、正座式、盘膝座式等。这要根据个人的习惯而定。

（3）练习时的注意事项

首先，练习开始闭着眼睛进行，容易浮现所需要的形象，训练效果好，习惯后能够掌握形象时，可以睁着眼练习。

其次，练习时一般采用平时习惯地呼吸方法，但在开始练习之前，要进行 3～5 次腹式呼吸，使大脑安静下来。

第三，当你入静时，在你头脑中所出现的基本形象应当是你过去经验中最使你的身心"轻松舒畅"的那种形象。绝对不要出现与不愉快的事情相联系的那种形象。

如在美丽的草坪上舒畅的休息，愉快地沐浴着阳光，这对一般人可能是良好的感觉，但个别女孩子可能会产生怕流氓出现的不快感，引起不好的结果。所以要视个人情况而定。

第四，练习的时间最好是早、中、晚三次。早晨起床后、午饭后、睡觉前，分三次练习是比较理想的。假如做不到三次，至少一天要练习一次，平均三个月左右的练习，就能掌握形象控制法的全过程。重要的就是坚持每天练习。

(4) 练习的基本要领

每次练习时间为 10～15 分钟。练习的基本要领如下：

首先，要使精神放松。按照上述注意事项，基本姿势正确以后，把两臂和两脚尽量地向前伸出，同时用尽全身的力量，使得手脚颤动。当手脚充分的伸出以后，突然地停止用力，在这一瞬间，你马上可以感到你手脚的肌肉全部放松下来，你要抓住这种放松的感觉并保持下去。

把上述的练习再重复一次，可闭上眼做。然后马上进入腹式呼吸，微微张开嘴，把小腹的空气慢慢地吐出来，慢慢收缩小腹，把空气吐干净以后，停止呼吸一两秒钟。接着一面使小腹慢慢地鼓起，一面用鼻子静静吸入空气，吸到不能再吸为止，再停止呼吸一两秒钟。

按照腹式呼吸法重复 3～5 次。之后就进入到普通的舒适地呼吸方式。

然后在头脑中浮现出轻松愉快的形象。诸如：我像洗过澡那样全身都舒适轻松，我像听妈妈讲故事时那样愉快无比等等的形象。

一面浮现形象，一面心中默念 2~3 次：心里非常安静，心里非常安静。由于默念的促进作用，心里确实变得安静了。逐渐地整个身心都达到松弛状态，感到轻松愉快。

放松的方法还有从身体局部放松到整体放松，以及加深练习方法，这里就不一一介绍，一般来说只要掌握上述基本练习就行了。

第二步　在头脑中浮现出过去的良好形象

这一步练习在头脑中要浮现出两种形象：

一是对于被记忆对象过去的良好形象。所谓被记忆对象是指练习者的练习记忆的目标，如学生提高学习成绩，提高名次等，售货员要把商品名称、价格记住；电话接线员要把有关电话号码都记住等等。提高学习成绩的良好形象如：我的数学有一次考了 100 分，位于全班第一名；我的一篇作文得特别好，受到老师特别表扬等等。

二是对于记忆本身过去的良好形象。所谓记忆本身是指练习者记忆力的良好形象如：考外语前，我一天晚上能记住 300 个英文单词。我的把某一件事记得很清楚，虽然事隔多年。

当过去良好的形象记忆再现时，你就会产生一种"自己一定能记住"的自信心，也使你对记忆的对象产生兴趣。同时也会促使你想办法寻找一些有效的记忆策略和方法，比如我们在教材中已经讲过的：理解后记忆效果好；按照遗忘规律采用有效复习对策效果好；阅读与回忆相结合记忆效果好等等。

（1）第二步的提高记忆要点

第二步练习，你要掌握提高记忆力的三个要点。

一是使你自信"一定能够记住"；二是使你对记忆对象产生兴趣；三是使你发现适合于自己特点的记忆策略和方法。

（2）具体操作方法

第一，如果你把眼睛闭上一分钟左右，就能出现轻松舒适的感觉，才能开始进入第二步的练习。

第二，在学习生活中，有关被记忆对象和记忆力本身的良好形象过去曾有许多，要把印象较深的回忆出来，并逐条记在卡片上，供选择使用。

第三，在逐条写下的良好形象中，尽量选择三个或四个最近发生的事物，印象更为深刻。

这样选择出来的良好形象，每天要在头脑中浮现5分钟左右。

第三步　在头脑中浮现出对未来的良好形象

就是说你要在头脑中描绘出这样的形象："记忆力的提高，是为了你的将来开辟一个美好的前途。"

例如对学生来说，可以有以下形象：

我的学习效率和学习成绩大大提高，成为成绩优秀的学生。

我将考上一个理想的高级中学，当一名优秀学生。

我将考上一个理想的大学，当一名成绩优秀的大学生。

我将考上研究生或出国研究生、博士生，啊！多有意思呀！

我将做一名出色的工程师……我的社会地位和作用将得到社会承认，受社会尊重。

这里所谈的未来形象与准备阶段的明确目的有相同的意义。

（1）第三步的提高记忆要点

总之，在第三步，你要掌握提高记忆力的三个要点：一是你产生强烈的动机；二是使你与愉快的事情相联系；三是能够给脑细胞以刺激。

（2）具体操作方法

第一，这一步就是要明确你提高记忆力对将来会起什么作用，并使它在头脑里深深地扎下根。这一步应在头脑中浮现出过去的良好形象之后再进行。每次可在头脑浮现5分钟左右。

第二，要把自己能够想出来的目标和作用，逐条地写下来，或制定一个"我将来的计划"，用卡片或用图表列出，将记忆力的提高与开创个人美好的未来联系在一起，效果就会更好。

第三，个人的将来目标要尽量具有形象特点，并在练习中经常出现在头脑中，起激励个人的作用。

第四，如有可能你不妨实地考察，如到理想的中学或大学去参观访问，找有关的职业人员谈该职业的特点和要求等，建立更深刻的未来形象。

第四步　浮现出整体的形象

这一步要求你要对被记忆的对象或要解决的问题作一个整体形象的浮现。如我们学一节语文课或学一章地理课，我们就要对课文的各部分结构——形成形象，然后形成一个整体形象浮现在头脑中。

这一步能够使你了解各部分掌握的情况，对于没有浮现出来的部分就是没有掌握的部分，应对照课文重新理解认识，直到形成完整的形象为止。

这一步要求你用形象去掌握记忆对象，而不是依赖语言。用浮现整体形象的方法可以弥补语言表达的不足，印象更深刻，记忆效果好。

研究表明：用形象方法比单纯用语言进行记忆容易得多，记忆的效果好，以后回忆出记忆事物的形象时，也会轻松得多，所以，对于自己所要记忆的事物，要努力在头脑中浮现它的整体形象，这是非常重要的。

（1）第四步的提高记忆要点

在做浮现整体形象这一步时，你要注意掌握以下几个提高记忆力的要点：一是细致地观察记忆对象；二是充分理解记忆对象的内容；三是用形象掌握记忆的对象；四是边预想结果边记忆。

（2）具体操作方法

第一，做完准备阶段后，大约要用三个月时间做完前三步，当然有人可能快些，视实际效果而定。然后认真地做第四步。前几步掌握后，你还要每天练一次，作为脑体操来练习。这样对于记忆对象再采用浮现整体形象来词忆，记忆效果会大大提高。

第二，形象往制法的练习不受年龄、职业的限制。

第三，在做上述各步时，将提高记忆力和集中注意力结合起来。如果注意力不集中，记忆力也是不可能提高的，所以两者关系密不可分。

第四，每个练习者都要联系个人的特点，找出个人的良好形象和未来的计划美景，否则是难以产生效果的。

第五，如果学好《高效率学习指导》中的理论，特别是记忆部分，会有助于对形象控制法的理解，将有益于提高练习效果。

1. 你能猜到他的年龄吗

在训练的过程中，你是司令，你手下有两名军长，五名团长，十名排长和十二名士兵，那么请问你能猜到司令今年的年龄吗？

2. 一元钱到哪了

有3个人去旅店住宿，住3间房，每间房10元，于是他们付给了老板30元。第二天，老板觉得25元就够了，于是就让伙计退5元给这3位客人，谁知伙计贪心，只退回每人一元，自己偷偷拿了2元。这样一来便等于那3位客人各花了9元，于是3个人一共花了27元，在加上伙计独吞的2元，总共29元。可当初3个人一共付了30元，那么还有1元到哪里去了？

3. 找错误

一个正方体有6个面，每个面的颜色都不同，并且只能是红、黄、蓝、绿、黑、白6种颜色。如果满足：

1. 红的对面是黑色
2. 蓝色和白色相邻
3. 黄色和蓝色相邻

那么，下面结论错误的是：

A. 红色与蓝色相邻

B. 蓝色的对面是绿色

C. 白色与黄色相邻

D. 黑色与绿色相邻

4. 最后剩下的是谁

50 名运动员按顺序排成一排，教练下令："单数运动员出列！"剩下的运动员重新排列编号，教练又下令："单数运动员出列！"如此下去，最后只剩下一个人，他是几号运动员？如果教练喊："双数运动员出列。"最后剩下的又是谁?

5. 有意思的钟

爷爷有两个钟，一个钟两年只准一次，而另一个钟每天准 *2* 次，爷爷问小明想要那个钟。如果你是小明，你会选哪只。当然，钟是用来看时间的。

6. 黑球白球

一个大小均匀的长管子，两端有口，里面有 *4* 个白球和 *4* 个黑球，球的两端开口的直径等于管子的内径。现在白球和黑球的排列是 yyyy-hhhh，要求不取出任何一个球，使得排列为 hhyyyyhh。

7. 怎样取回自己的袜子

曾经有两个盲人，他们同时都买了两双白袜和两双黑袜，八双袜子的布质、大小完全相同，每一双袜子都有一张标签纸连着。两个盲人不小心将八双袜子混在一起。他们怎样才能取回自己的袜子？

8. 男人女人

有一天，旅社来了三对客人，两个男人，两个女人，还有一对夫妇，他们开了三个房间，门口分别挂上了带有标记的"男"、"女""男女"的牌子，以免走错房间。但是爱开玩笑的饭店服务员，把牌子巧妙地调换了位置，让房间里的人找不到自己的房间。

据说，在这种情况下，只要知道一个房间的情况，就可以找到其他房间的情况。

请问：应该敲挂什么牌子的房间门呢？

9. 找最大的钻石

在某大楼里，从一楼到十楼，每层楼的电梯门口都会放着一颗钻石，但大小不一。有一个女人在一楼乘电梯到十楼，每到一层楼，电梯的门都会打开一次。从头至尾，这个女人只能拿一次钻石，她怎样才能拿到最大的一颗？

10. 怎样分盐

现在，桌子上摆着一只天平，两个砝码，分别为 7g、2g。如何只用这些物品分三次将 140g 的盐分成 50、90g 各一份？

11. 十年有几天

有一首歌叫十年，也有一首歌叫 3650 夜。那我现在问：十年有多少天？

12. 如何过桥

在一个夜晚，同时有 4 人需要过一桥，一次最多只能通过两个人，且只有一只手电筒，而且每人的速度不同。A，B，C，D 需要时间分别为：1，2，5，10 分钟。问：在 17 分钟内这四个人怎么过桥？

13. 找相应的开关

在一个卧室内有 3 盏灯，卧室外有 3 个开关 A、B、C，分别控制卧室内的三盏灯。在卧室外看不见卧室内的情况。你只能进门一次，问你用什么方法来区分哪个开关控制哪盏灯？

14. 生门，死门

你现在面临两扇门，有一扇是生门，另一扇时死门。生门及死门都有一个人看守着，而这两个人之中，一个只会说真话，另一个只会说假话，这两位守门人知道哪一扇门是生门，哪一扇是死门，而你则是不知道的。同时，你更不知道那个人会说真话，那个人会说假话，更不知道他们各守的是哪扇门？

请问有什么方法，可以只问其中一位守门员一个问题，就可以知道那扇是生门？

15. 犯人被抓

有两个犯人同时被抓，如两个人能同时坦白，各判刑期 5 年；如果一人坦白，他就是一年，另一个人十年；如果两人都不坦白，各判三年。两个人无法沟通，他们经过挣扎考虑后，都坦白了，都获得 5 年刑期。

请问：他们为什么要这样选择呢？

16. 猜猜这个数字

有一个奇怪的数字，去掉第一个数字，是 13，去掉最后一个数字是 40。

请问：这个奇怪的数字是什么？

17. 如何吃药

你一个人到了一座荒岛上，救援人员 20 天后才能到达（今天是第 0 天）。你有 A 和 B 两种药片，每种 20 粒。每天你必须各吃一片才能活到第二天。但是你不小心把这两种要混在了一起，无法识别。你该怎么办?

18. 飞机事件

已知：有 N 架一样的飞机停靠在同一个机场，每架飞机都只有一个油箱，每箱油可使飞机绕地球飞半圈。注意：天空没有加油站，飞机之间只是可以相互加油。

如果使某一架飞机平安地绕地球飞一圈，并安全地回到起飞时的机场，问：至少需要出动几架飞机?

注：路途中间没有飞机场，每架飞机都必须安全返回起飞时的机场，不许中途降落。

19. 帽子的颜色

一个牢房，里面关有 3 个犯人。因为玻璃很厚，所以 3 个犯人只能互相看见，不能听到对方所说的话。一天，国王命令下人给他们每个人头上都戴了一顶帽子，告诉他们帽子的颜色只有红色和黑色，但是不让他们知道自己所戴的帽子是什么颜色。在这种情况下，国王宣

布两条命令如下:

1. 哪个犯人能看到其他两个犯人戴的都是红帽子,就可以释放谁;

2. 哪个犯人知道自己戴的是黑帽子,也可以释放谁。

事实上,他们三个戴的都是黑帽子。只是他们因为被绑,看不见自己的罢了。很长时间,他们 3 个人只是互相盯着不说话。可是过了不久,聪明的 A 用推理的方法,认定自己戴的是黑帽子。您也想想,他是怎样推断的呢?

20. 填数字

找规律填数字是一个很有趣的游戏,特别锻炼观察和思考的能力。

试试看,有规律填写以下空格:

1	1	4	7	10		19	22		25
1	1	2	3	5	8		34		55
1	2	4	7	11	16		37		46
1	4	9	16			49	64		

21. 体育竞赛

有一场体育比赛中,共有 N 个项目,有运动员 1 号,2 号,3 号参加。在每一个比赛项目中,第一,第二,第三名分别得 A,B,C 分,其中 A,B,C 为正整数,且 A > B > C。最后 1 号选手共得 22 分,2 号与 3 号均得 9 分,并且 2 号在百米赛中取得第一。最后,求 N 的值,并分析出谁在跳高中得第二名。

22. 野鸭蛋的故事

四个旅游家（张虹、印玉、东晴、西雨）去不同的岛屿去旅行，每个人都在岛上发现了野鸡蛋（1 个到 3 个）。4 人的年龄各不相同，是由 18 岁到 21 岁。已知：

1. 东晴是 18 岁。

2. 印玉去了 A 岛。

3. 21 岁的女孩子发现的蛋的数量比去 A 岛女孩的多 1 个。

4. 19 岁的女孩子发现的蛋的数量比去 B 岛女孩的多 1 个。

5. 张虹发现的蛋和 C 岛的蛋之中，有一者是 2 个。

6. D 岛的蛋比西雨的蛋要多 2 个。

请问：张虹、印玉、东晴、西雨分别是多少岁？她们分别在哪个岛屿上发现了多少野鸡蛋？

23. 小圆能转几周

两个直径分别是 2 和 4 的圆环，如果小圆在大圆内部绕大圆转一周，那么小圆自身转了几周？如果在大圆的外部转，小圆自身又要转几周呢？

24. 他懂计算机吗

已知下列 A、B、C 三个判断中，只有一个为真。

A. 甲班有些人懂计算机。

B. 甲班王某与刘某都不懂计算机。

C. 甲班有些人不懂计算机。

请问：甲班的班长是否懂计算机？（注意：要有分析的过程。）

25. 是否参加鉴定

有一个工业公司，组织它下属的 A、B、C 三个工厂联合试制一种新产品。关于新产品生产出来后的鉴定办法，在合同中做了如下规定：

1. 如果 B 工厂不参加鉴定，那么 A 工厂也不参加。

2. 如果 B 工厂参加鉴定，那么 A 工厂和丙工厂也要参加。

请问：如果 A 工厂参加鉴定，C 工厂是否会参加？为什么？

26. 拥有古物的是谁

孙某和张某是考古学家老李的学生。有一天，老李拿了一件古物来考验两人，两人都无法验证出来这件古物试谁的。老李告诉了孙某拥有者的姓，告诉张某拥有者的名，并且在纸条上写下以下几个人的人名，问他们知道谁才是拥有者？

纸条上的名字有：沈万三、岳飞、岳云、张飞、张良、张鹏、赵括、赵云、赵鹏、沈括。

孙某说：如果我不知道的话，张某肯定也不知道。

张某说：刚才我不知道，听孙某一说，我现在知道了。

孙某说：哦，那我也知道了。

请问：那件古物是谁的？

27. 如何分汤

两个犯人被关在监狱的囚房里，监狱每天都会给他们提供一小锅汤，让这两个犯人自己来分。起初，这两个人经常会发生争执，因为他们总是有人认为对方的汤比自己的多。后来他们找到了一个两全其美的办法：一个人分汤，让另一个人先选。于是争端就这么解决了。可是，现在这间囚房里又加进来一个新犯人，现在是三个人来分汤。因此，他们必须找出一个新的分汤方法来维持他们之间的和平。

请问：应该如何？

28. 喝救命水

你去沙漠旅行，事先准备的水喝光了，你口喝难忍，这时你看到了有个瓶子，拿起来一看，里面还有多半瓶水。可是瓶口用软木塞塞住了，这个时候在不敲碎瓶子，不拔木塞，不准在塞子上钻孔的情况下，你怎样完整地喝到瓶子里的酒呢？

29. 破案

某公寓发生了一起凶杀案，死者是已婚妇女。探长来到现场观察。法医说："尸体经过检验后，不到 2 个小时，被一把刀刺中心脏而死。"

探长发现桌上有一台录音机，问其他警员："你们开过录音没有?"从警员都说没开过。

于是,探长按下放音键,传出了死者死前挣扎的声音:"是我老公想杀我,他一直想杀我。我看到他进来了,他手里拿着一把刀。他现在不知道我在录音,我要关录音机了,我马上要被他杀死了……咔嚓。"录音到此中止。

探长听到录音后,马上对众警员说,这段录音是伪造的。你知道探长为什么这么快就认定这段录音是伪造的吗?

30. 哪种说法是假的

高校 2007 年秋季入学的学生中有些是免费师范生。所有的免费师范生都是家境贫寒的。凡是贫困学生都参加了勤工助学活动。

如果以上说法是真的,那么,请找出以下对此错误的看法:

A. 有些参加勤工助学活动的学生不是免费师范生。

B. 2007 年秋季入学的学生中有人家境贫寒。

C. 凡是没有参加勤工助学活动的学生都不是免费的师范生。

D. 有些参加勤工助学活动的学生是 2007 年秋季入学的。

31. 人寿保险

在一个住宅小区的居民中,大多数中老年人都办了人寿保险,所有买了四居室以上住房的居民都办了财产保险。所有办理人寿保险的都没有办财产保险。

如果上述说法是真的,那么以下哪种说法是真的?

1. 某些中老年买了四居室以上的房子。

2. 某些中老年没办此案产保险。

3. 没有办人寿保险的是买四居室以上房子的人。

A. 1、2 和 3

B. 1 和 2

C. 2 和 3

D. 1 和 3

32. 四个杯子

饭店的餐桌上有四个杯子，每个杯子上写着一句话。

第 1 个杯子：每个杯子里都有水果糖。

第 2 个杯子：我的里面有苹果。

第 3 个杯子：我的里面没有巧克力。

第 4 个杯子：有的杯子里没有水果糖。

以上所述，如果有一句话是真的，那么以下哪种说法为真？

A. 每个杯子中都有水果糖。

B. 每个杯子中都没有水果糖。

C. 每个杯子里都没有苹果。

D. 第 3 个杯子里有巧克力。

33. 过河

在一条河边有猎人、狼、男人领着两个小孩，一个女人也带着两个小孩。条件为：如果猎人离开的话，狼就会把所有的人都吃掉，如果男人离开的话，女人就会把男人的两个小孩掐死，而如果女人离开，男人则会把女人的两个小孩掐死。

这时，河边只有一条船，而这个船上也只能乘坐两个人（狼也算一个人），而所有人中，只有猎人、男人、女人会划船。则问，怎样做才能使他们全部度过这条河？

34. 谁的存活机率最大

一条船上有 5 个囚犯，分别被编为 1、2、3、4、5 号，他们分别要在装有 100 颗黄豆的麻袋里抓黄豆，每人至少要抓一颗，抓得最多和最少的人都将被扔下海去。他们五个人在抓豆子的时候不能说话，但在抓的时候，可以摸出剩下的豆子数。问他们中谁的存活几率最大？

提示：1. 他们都是很聪明的人。

2. 他们先求保命，然后再考虑去多杀人。

3. 100 颗黄豆不需要全部都分完。

4. 若出现两人或多人有一样的豆子，则也算最大或最小，一并丢下海去。

35. 他们分别是哪里人

奥林匹克运动会结束后，下面这五个人在进行议论。他们中有一个是讲真话的南区人，一个是讲假话的北区人，一个是既讲真话又讲假话的中区人，还有两个是局外人。他们每个人要么就先说两句真话，再说一句假话；要不然就先说两句假话，再说一句真话。请看以下他们的陈述：

A. 1. 如果运动员都可以围腰布，那我也能参加。

2. B 一定不是南区人。

3. D 没能赢得金牌。

4. C 如果不是因为有晒斑，也能拿到金牌。

B. 1. E 赢得了银牌。

2. C 第一句话说的是假的。

3. C 没能赢得奖牌。

4. E 如果不是中区人就是局外人。

C. 1. 我不是中区人。

2. 我就算没有雀斑也赢不了金牌。

3. B 的铜牌没有拿到。

4. B 属于南区人。

D. 1. 我赢得了金牌。

2. B 的铜牌没有拿到。

3. 假如运动员都能围腰布，A 本来会参加。

4. C 不属于北区人。

E. 1. 我得了金牌。

2. C 就算没有晒斑，也拿不到金牌。

3. 我并不是南区人。

4. 假如运动员都能围腰布，A 本来会参加。

那么，谁是南区人，谁是北区人，谁是中区人，哪两个是局外人，谁得了奖牌呢？

36. 谁是凶手

小甜和小蜜幸福地生活在一所豪宅里。她们既不参加社交活动，也没有与人结怨。有一天，女仆安卡歇斯底里地跑来告诉李管家，说她们倒在卧室的地板上死了。李管家迅速与安卡来到卧室，发现正如安卡所描述的那样，两具尸体一动不动地躺在地板上。

李管家发现房间里没有任何暴力的迹象，尸体上也没有留下任何印记。凶手似乎也不是破门而入的，因为除了地板上有一些破碎的玻璃外，没有其他迹象可以证明这一点。李管家排除了自杀的可能；中毒也是不可能的，因为晚餐是他亲自准备，亲自伺候的。李管家再次仔细的弯身检查了一下尸体，但仍是没有发现死因，但注意到地毯湿了。

请问：小甜和小蜜是怎么死的呢！究竟谁杀了她们？

37. 共有几条病狗

一个村子里一共有 50 户人家，每家每户都养了一条狗。村长说村里面有病狗，然后就让每户人家都可以查看其他人家的狗是不是病狗，但是不准检查自己家的狗是不是病狗。当这些人如果推断出自家的狗是病狗的话，就必须自己把自家的狗枪毙了，但是每个人在看到别人家的狗是病狗的时候不准告诉别人，也没有权利枪毙别人家的狗，只有权利枪毙自家的狗。然后，第一天没有听到枪声，第二天也没有，第三天却传来了一阵枪声。

请问：这个村子里一共有几条病狗，请说明理由？

38. 为什么呢

曾经有座山，山上有座庙，只有一条路可以从山上走到山下。每周一早上 8 点，有一个聪明的小和尚去山下化缘，周二早上 8 点从山脚回山上的庙里。注意：小和尚的上下山的速度是任意的，但是在每个往返中，他总是能在周一和周二的同一钟点到达山路上的同一点。例如：有一次他发现星期一的 9 点和星期二的 9 点他都到了山路靠山脚的地方。

请问：这是为什么？

39. 几艘来自纽约的船

问题内容：一般在每天中午的时间，从法国塞纳河畔的勒阿佛有一艘轮船驶往美国纽约，在同一时刻纽约也有一艘轮船驶往勒阿佛。我们已经知道的是，每次横渡一次的时间是 7 天 7 夜，以这样的时间匀速行驶，可清楚的遇到对方的轮船。

问题是：今天从法国开出的轮船能遇到几艘来自美国的轮船。

40. 如何找出不标准的球

有 80 个外观一致的小球，其中一个和其它的重量不同，（不知道更轻还是更重）。现在给你一个天平，允许你称四次，把重量不同的球找出来，怎么称？

41. 老师的生日是哪一天

小刘和小红都是张老师的学生，张老师的生日是 M 月 N 日，2 人都知道张老师的生日是下列 10 组中的一天，张老师把 M 值告诉了小刘，把 N 值告诉了小红，然后问他们老师的生日到底时哪一天？

3月4日、3月5日、3月8日、6月4日、6月7日、9月1日、9月5日、12月1日、12月2日、12月8日。

小刘说：如果我不知道的话，小红肯定也不知道。

小红说：刚才我不知道，听小红一说我知道了。

小刘说：哦，那我也知道了。

请根据以上对话推断出张老师的生日是哪一天

42. 哪位小姐养蛇

一道著名的逻辑分析题，有信心的朋友们可以试着分析一下，看你的智商有多高？有五位小姐排成一列，这五位小姐的姓氏不同，衣服的颜色、喝的饮料、喜欢的宠物、吃的水果都不相同。

1. 钱小姐穿红色衣服

2. 翁小姐养了一条狗

3. 陈小姐喜欢喝茶

4. 穿白色衣服的在穿绿色衣服的右边

5. 穿绿色衣服的小姐在喝咖啡

6. 吃西瓜的小姐养了一只鸟

7. 穿黄色衣服的小姐在吃梨

8. 在中间站着的小姐喝牛奶

9. 在最左边站着的是赵小姐

10. 吃桔子的小姐站在养猫小姐的旁边

11. 吃梨小姐站在养鱼小姐的旁边

12. 吃苹果的小姐在喝香槟

13. 江小姐在吃香蕉

14. 蓝色衣服小姐的旁边站的是赵小姐

15. 吃桔子的小姐的旁边站在喝开水小姐

问题出来了，请问：养蛇的是哪位小姐？

43. 谁说了假话

张、王、李、赵四人的血型各不相同，张说，我是 A 型。王说，我是 O 型。李说，我是 AB 型。赵说，我不是 AB 型。这四个人中只有一人说了假话。

请问：以下哪项成立？

A. 不管谁说了假话，都能推出四个人的血型情况。

B. 王的话假，可以推出。

C. 李的话假，可以推出。

D. 赵的话假，可以推出。

44. 找出正确的做法

侯同学的以下实验操作中正确的是？（请写出分析过程。）

A. 用酒精提取碘水中的碘。

B. 有 CC14 分离苯和溴苯。

C. 用裂化汽油提取溴水中的溴。

D. 将金属钠保存到十二烷中。

45. 哪只兔子死掉了

在一个茂密的森林里，有 10 只兔子，大兔子病了，二兔子瞧，三兔子买药，四兔子熬，五兔子死了，六兔子抬，七兔子挖坑，八兔子埋，九兔子坐在地上哭起来，十兔子问他为什么哭？九兔子说："五兔子意外死去！"这是一件密谋杀兔事件。

请问：哪知兔子死掉了？

46. 谁和谁是夫妻

有四对夫妻，赵结婚的时候张来送礼，张和江是同一排球队队员，李的爱人是洪的爱人的表哥。洪夫妇与邻居吵架，徐、张、王都来助阵。李、徐、张结婚以前住在一个宿舍。

请问：赵、张、江、洪、李、徐、王、杨这八个人谁是男谁是女，谁和谁是夫妻？

47. 结果如何

ABCD 四人参加公务员考试，报考同一职位。该职位只招录一人，有且只有该四人报名。四人均准备充分，在考试中发挥出最高水平。考试结束后，四个人讨论如下：

A：只要考试不黑，我肯定能考上。

B：即使考试不黑，我也考不上。

C：如果考试不黑，我就能考上。

D：如果考试很黑，那么，我肯定考不上。

结果出来后，证明 ABCD 四人预测均正确，则有一人成功考取，则可推出公务员考试：

A. 黑

B. 不黑

C. 有时黑，有时不黑

48. 哪种说法对

在人口统计调查的过程中，男女比例相当，但是，黄种人跟黑种人相比多得多。在白种人中，男性比例大于女性，由此可见，请选择以下正确的说法：

A. 黄种女性多于黑种男性

B. 黑种女性少于黄种男性

C. 黑种男性少于黄种男性

D. 黑种女性少于黄种女性

49. 小狗巧斗黄鼠狼

有一只小狗遇着了一只黄鼠狼，仇人相见，分外眼红，小狗与黄鼠狼搏斗起来。黄鼠狼本来不是小狗的对手，但在前几次搏斗中，黄鼠狼采取无赖下流的手段，噗噗地放出几个臭屁，把小狗熏得晕头晕脑，因此，小狗几次吃了亏。今天双方搏斗起来，正好刮着南风，小狗想真是天助我也，我要叫你臭屁没有用武之地。果真，小狗与黄鼠狼搏斗了一会儿，尽管黄鼠狼噗噗地放屁，但没有发挥任何作用，小狗几个回合就把黄鼠狼打败了。

请问：小狗是怎样打败黄鼠狼的？

50. 如何渡江

小赵饲养了一只狗，一只猫及十只老鼠。现在，他要带它们渡江到 A 岛去。然而问题就出在小船的负荷量上。由于船身太小，小赵每次只能带其中一种动物渡江。不过，假如先带老鼠渡江的话，留下的猫和狗便会打架；若先带狗渡江的话，猫又会吃老鼠。用什么方法可以使所有动物都平安渡江呢？

51. 巧设电梯

新设计的环形贸易中心大楼共有 7 层。为了节省时间，加速顾客的输送，计划安排一定数量的电梯。

现在，计划每架电梯只停靠 3 个楼面。为了使各层楼面的顾客都能乘电梯直达他所要去的基地层楼面，包括最低层，你能否计算出在这一幢 7 层大楼中，最少要设置几架电梯？每架电梯又应该停靠哪 3 个楼面？

52. 谁最能干

一天，小马、小驴和小骡在一起夸爸爸妈妈。

小马说："我的爸爸是大红马，我的妈妈是大白马，犁田、拉车的本领特别大。"

小驴说："我的爸爸是大黑毛驴，我的妈妈是灰毛驴，驮货、拉磨数第一。"

小骡说："我的爸爸是棕骡，我的妈妈是花骡。它们个儿高，力气大，干什么都比你们的爸爸妈妈强。"

小马和小驴听罢都不吭声了，因为大骡子的确比马和驴都能干。可是，它们又总觉得小骡子说的话有不大对的地方。你知道它错在哪里吗？

53. 女服务员

有一天，小李去买衣服，见时装店里站着一位打扮入时的女服务员，他指着一件西装问："小姐，请问这件衣服多少钱？"可是等了办天，没有回答，小李生气地大声嚷道："你这是什么态度？我要去找你们的经理反映。"

这时，刚好经理办完事经过这里，停下一看，忙向他解释："同志，对不起，刚才店里比较忙，服务不周，请多谅解，有什么事可以对我讲。"小李："那……她怎么处理？"

经理说："你就原谅这位小姐一次吧，不要跟她计较了。"

试问，这是为什么呢？

54. 花了多少钱

小青去植物园春游，回来以后爸爸问他春游花掉了多少钱？小青并不直接回答，却调皮地说："我带出去的钱正好花了一半。剩下钱的'元'数是带出去钱'角'数的一半，剩下的钱的'角'数和带出钱的'元'数一样多。"爸爸算了一下，知道了小青出去带了多少钱，花掉了多少钱，剩下了多少钱。

你知道这些数字吗？

55. 妙计脱身

刘建封，吉林省安丘县人，清末秀才。

1908 年（清光绪三十四年），奉命勘测奉吉两省界线兼查长白山三江之源。刘建封率员对长白山进行了空前的勘察，填补了历史空白，写出《长白山江岗志略》一书。

1909 年，安图设治，刘建封为首任知事，在任近三年，政声卓著。辛亥革命前后，刘建封积极参加孙中山领导的革命活动。在以后的数十年中，因政治革命，其家被抄两次、引渡两次、通缉七次、悬赏逮捕三次、监视两次、驱逐三次、受审十一次……真可谓天变地变，其救世主义不变。

刘建封离开安图县以后，东渡日本，参加了同盟会。在日期间，清政府的通缉令也到了日本。日本政府派人到处搜捕爱国志士。一天，刘建封正在屋内疾书，没想到几名捕快已经进了大门。刘建封见状，不慌不忙，想了一个办法，居然摆脱了捕快。

试问，他想出了什么办法呢？

56. 漂流两省

1996 年 7 月 26 日夜，甘肃境内突降大雨，河水暴涨。第二天平凉地区与陕北毗邻的泾县倒城关镇蒋家村村民蒋三城的女儿蒋彩莲被洪水冲走。她不会游水，先是呛了几口水，腿一弯便觉得似乎身体在下沉。然而，7月27日6点多，当蒋彩莲漂流到陕西彬县香庙乡枣渠村泾河段，眼看又要逼近一座落差达15米的拦河大坝——枣渠水电站大坝时，被河岸山头的村民发现。枣渠村43岁的村民吴建辉听到喊声后，立即冲入水中，凭着良好的水性，迅速向水中遇难者游去，他顺势拽着蒋彩莲的长发，拼力向岸边游。在岸边群众的帮助下，将遇难者蒋彩莲救上了岸，并奇迹般地生还。

试问，蒋彩莲为什么在水中漂流两天而没有沉下去淹死呢？

57. 应变

舞台上，在击毙敌人的一刹那，手枪竟没有响，再次射击时，仍无声音。台下的观众哗然。演员一时不知所措。他慌乱地抬起脚，朝敌人狠狠踢去。扮演敌人的演员却很老练，只见他慢慢地倒在了地上，然后吃力地抬起头，用微弱的声音说了一句话，终于掩盖了这一次失误。

试问，他怎么说的呢？

58. 催人泪下的家书

某日，南京军区某部队驻中央门外北崮山军营首长收到了一封寄自山东革命老区肥城仪阳乡小柱村一户普通农家军属的家书，看了之后，在场的部队官兵情不自禁地流下了热泪……

信中写道：我是贵部队勤务队新战士张学永的哥哥，妈妈已于去年5月23日去世了，这个消息至今没有告诉弟弟。妈妈临终前一再关照我们，待她去世后千万不要去信告诉弟弟，怕他刚入伍就背上家庭包袱。爸爸是个村干部，也是个老党员，他也说不要把家中的不幸告诉弟弟，以免他分心，影响工作。我们家里兄妹五人都是在红旗下长大的，更懂得国家和家事的分量，都觉得父母讲的在理，所以一直没把妈妈去世的消息告诉弟弟。弟弟每次来信都问妈妈的身体怎样，我们说妈妈的身体很好。现在，爸爸的身体状况也十分糟糕，为了防止不测，恳请部队近期不要安排弟弟探亲休假，让他在部队安心工作，无论家里发生什么事，全由我们兄弟姐妹顶着，不要让他为家里的事操心……

接到来信，部队首长感到沉甸甸的，它凝聚着老区人民崇高的思想境界和金子般的爱国主义精神。部队领导研究决定，立即派人购买车票破例批准张学永 15 天假让他回家探亲。当找到正在执行巡逻的张学永，把家信交到他手上，通告他下岗回家时，你知道张学永反应怎样，他有没有回家呢？

59. 撕画

那一年英国女王访华，请齐老作画。齐老挥洒自如，一张《牡丹醉春图》顷刻间即告完成。

突然，一滴墨汁不合时宜地落到了画上，观画的人群中一片惋惜声。这时的齐白石神态自若，一面劝人不要担心，一面躬身在那墨点上轻轻钩了几笔。瞬间，一只极具神韵的小蜜蜂跃然纸上，《牡丹醉春图》顿时大放异彩，引得举座皆赞，全场爆发出一片热烈掌声。齐老风趣地问身边的翻译："怎么样，这小蜜蜂可算得上'国宝'吧？"

一次，齐老示范为学生们画一幅桃花。只见他大笔一挥，粗壮的树干从中拔起，抹抹点点，便是桃花满树，粲然生辉。画挂到墙上后，齐老面对画坐在团椅上，审视良久，忽然站起身，走上前去，将画一把扯下来，丢进了纸篓。

试问，这是什么原因呢？

60. 一块匾文

某劣绅祝寿，有人送了一快匾，文曰：

斌 尖 卡 傀

劣绅不知寓意，悬挂正堂。

某日，有个文豪路过时发觉，拍手大笑，劣绅问他为什么笑，文豪说："笑这块匾文寓意太好。"劣绅请他解释。那人解释以后，劣绅无地自容。

试问，这四个字文豪是怎样解释的呢？

61. 字谜诗

夏明翰同志在第一次国内革命战争末期，见到蒋介石叛变革命，非常气愤，他在湖南作了一首字谜诗，给工人同志猜：

一车只装一斤，好个草包将军，

两个小孩相助，又请三个大人。

试问，这首诗的谜底是什么？

62. 躲在哪里

1927年秋季的一天，湖南浏阳的一队团防军押着三个共产党嫌疑犯回城领赏。半路上，那个身穿短褂的人一瘸一拐地落在后边，一个团防兵跟着他，看着离大队有几十米远了，他就掏出钱来，对那个士兵说道："朋友，拿去喝茶吧。"

等士兵接了钱，他转身就走，没走几步，被前面的队伍发现了，士兵大喊："站住，不站住就开枪了。"一个士兵立即追了过来，他只得站住，等追兵到了眼前，他又掏出钱来，说："没有了。朋友，再见吧。"那士兵得了钱，眼看他走到前面山坡上才高声大喊："跑了，跑了。"大队团防军闻声迅速追上了山头，却不见人影。坡上坡下到处搜索，就是没有。敌人十分纳闷：奇怪，明明看见他向这儿跑了，怎么就不见人了呢？

试问，这个人躲在哪儿了呢？

63. 释"四姓"

有一天，毛泽东从韶山去外婆家——棠佳阁，行到石砚冲山边，突然有一个人双手叉腰挡住了去路。这个人是本地富家子弟赵某，平时欺侮贫弱，横行乡里，经常在穷人面前卖弄文墨，附庸风雅，他早已听说毛泽东的聪明机智，这次要故意难难毛泽东，出一口气。

赵某说："我知道你是文家外甥。今天我要考考你，若能答出问题，我让你过去，若答不出问题，别怪我赵某不客气。"毛泽东不慌不忙，也来一个双手叉腰："你爱问就问吧。"赵某说："百家姓里的'赵钱孙李'分开作何解释，合起来是什么意思？"毛泽东回答以后，赵某满脸怒气，但又无处发泄，只好让毛泽东过去了。

试问，毛泽东是怎样回答的呢？

64. 连衣裙的价格

一个服装店的老板，按照自己的方法为衣物标价：

花短裙子：20 元；

背心：10 元；

女长筒袜子：25 元；

领带：10 元；

中山装：15 元。

请你用同样的方法为"连衣裙"标出价格。

65. 谁最后离开

1~50 号运动员按顺序站一排，"一、二"报数，队长让报单数的运动员离开队伍。剩下的队员重新报数，新的单数又离开了队伍。

请问：哪号运动员最后离开队伍？

66. 姑娘的裙子

三位姑娘一位姓白，一位姓黄，一位姓蓝。她们都穿着裙子在大路上碰头了。三人穿的裙子一条是黄色，一条是蓝色，一条是白色。那位穿着白裙子的姑娘先开口："我们三人穿的裙子颜色正好与我们的姓相同，不过每人的姓与身穿的裙子颜色却对不上。"姓黄的姑娘看了一下说："正是如此。"

试问，你知道她们三人各是穿的什么颜色的裙子呢？

67. 辨盗

陈述古在做浦城知县时，有户姓张的人家被盗。虽然捉到盗贼多人，但谁也不肯招认自己盗窃了张家。陈述古于是就对这些盗贼说："某庙里有一只钟，辨别盗贼很灵验。"一面就派人把钟抬到后阁，叫这一伙人立在钟前。在祭钟时，陈述古说："不做盗贼的摸钟，钟无声；做盗贼的摸钟，钟就响。"陈述古祷告时态度十分严肃认真。祭完以后，用帷幕把钟围了起来，又暗暗地派人用墨汁涂在钟上。过一会儿，叫盗贼一一入帷幕摸钟。盗贼出来以后，陈述古看了大家的手，就对一个盗贼说："你还不快招？"那个盗贼只好老实承认了自己盗了张家的东西。

试问，陈述古根据什么断定是这个人偷盗的？

68. 济公的师父

据《灵隐小志·高僧传略》记载，济公的师父是西湖灵隐寺的高僧慧远禅师，人称瞎堂禅师。他不仅德行高尚，而且幽默风趣。传说有一次他随宋孝宗游飞来峰，孝宗问："既是飞来，为何不飞去？"慧远不加思索，立即回答："一动不如一静。"真是诙谐有趣。

还有一次，到上天竺去，孝宗看见观音菩萨手持念珠念观音，就说："众人持念珠念观音，观音持念珠念谁？"慧远答："仍念观音。"孝宗问："为什么？"慧远回答以后，孝宗大笑不止。

试问，慧远怎样回答的呢？

69. 谁第一

南齐王僧虔，是晋代大书法家王羲之的四世族孙。他的楷书继承祖法，造诣很深。

有一天，齐太祖萧道成提出与王僧虔比试书法，一决雌雄。于是，君臣二人竭尽全力各写楷书一幅。写好后，齐太祖当即问道："你说说，你我两人，谁第一，谁第二？"

王僧虔既不愿抑低自己，又不敢得罪皇帝。怎么办？在紧急之中，他眉头一皱，说了一句话，摆脱了窘境。

试问，他说了什么话呢？

70. 不能再坐

有一个大力士自以为力气大，常常摆出不可一世的架势。他很看不起邻居那个读书人。读书人很不服气。

一天，读书人对大力士说："今天咱俩比一比，如果你比赢了，就算你本领大，我输你十两银子。如果你比输了，你不能再摆那臭架子，还要给我十两银子。"

大力士一想自己力气大，拳大臂粗，还比不过一个瘦小的读书人吗？于是一口答应了。

读书人说："今天咱不比别的，只比坐。只要你能坐在我坐过的地方，你就赢了。"接着读书人叫大力士先坐好，然后自己选了一个地方坐了上去。大力士一看，目瞪口呆，只好认输。

试问，这是为什么呢？

71. 春雷之夜

这是个低气压增强，春天里少见的雷鸣之夜。当独身生活的推理小说作家在公寓的房间里写作品时，被人突然从背后刺了一刀而身亡。

第二天，尸体被发现时，写字台上的荧光台灯还亮着。这是一台没有起动器的简易日光灯。但奇怪的是，写字台上放着的一只手电筒也是亮着的。

"昨天夜里从十点钟起，这座公寓停了大约30分钟的电。大概是变电所遭了雷击。所以，被害人一定是在停电期间借着手电筒光写小说时被害的。"公寓的管理员这样说。

"不，被害事件的发生是来电之后。凶手是伪装成停电时作的案，才故意将手电筒打开，然后逃走的。"刑警只是扫了一眼现场就作了判断。那么，证据何在？

72. 不能治罪

有一个奴隶主，十分残暴。他有一座庄园，占了很大的一片地方。这座庄园不许任何人通过。如果有人走近庄园，就要被抓起来。他只问来人一句话："你是来干什么的？"如果来人回答的是真话，他就要把来人砍头；如果回答是假话，就要把来人吊死。所以到这里来的人都是来送死的。

有一次，一个聪明人被他抓住了，奴隶主问："你是来干什么的？"聪明人回答说："我是来叫你吊死的。"结果奴隶主毫无办法，只好把它放了。

试问，为什么奴隶主只好把他放了？

73. 上婢女的当

黄道周（*1585～1646年*）是明朝学者，著名的书画家。

当时，住在漳州公府街的"海澄公"黄悟，在他的住宅右侧建造了一座祖庙，想请黄道周题"上公祖庙"四字为匾额。黄道周不肯替他题字，于是黄悟手下的人找到黄道周家中的婢女，对她们说："若得黄道周一字，酬之千金。"结果，有一婢女，果然想出了一个妙法，取得了黄道周的字。

试问，她想的什么办法呢？

74. 禁止养猪

明武宗朱厚照曾下令禁止民间养猪，史书上有这样的记载："正德十四年十二月乙卯，上至仪真。上巡幸所至，禁民间畜猪，远近屠杀殆尽；田家有产者，悉投诸水。是岁，仪真祭祀，有司以羊代之。"这一禁令，几乎使全国的猪断种。后来过清明节，要用猪来祭祀，一时竟无法找到。

试问，明武宗为什么禁止养猪呢？

75. 稻草鸭子

有一天，沈拱山走到瀛桥上，看见个穷老头儿坐在船上哭。他跑

61

到小船边，问老人为何伤心。老头儿说："我老夫妻俩，无依无靠，养了十几只鸭子谋生，不幸被小霸王抢去了，我今后靠什么过日子呀。"

沈拱山一听，说："你不要哭，我听说县官大老爷马上要经过这儿，我教你个法子，保管能把鸭子要回来。"

试问，他想的什么办法呢？

76. 诸葛亮的妙计

诸葛亮少年就失去了父母，跟随叔父生活，拜名师水镜先生为老师。

有一天，水镜先生叫诸葛亮清炖一条鲤鱼。鱼炖好了，诸葛亮出外挑了一担水。一进门，见水镜先生对一群弟子正在发脾气。原来，不知是谁把炖好的鱼吃了一半。十几个弟子谁都说自己没吃。诸葛亮眼睛一眨，想了一个办法，很快就找到了吃鱼者。

试问，诸葛亮想的什么办法呢？

77. 巧裁缝

明朝嘉靖年间，京城有一巧裁缝，远近闻名。他缝制的衣服长、短、宽、窄无不合体，穿在身上既舒服又大方。有一位御史大夫让他做一套官服。见面后，他请御史说一说哪年科举及第、担任御史已有几年；同时，又向御史的管家打听主人的性格——偏偏没有量尺寸。御史深感奇怪，心想，做衣服要知道这些有什么用？这个裁缝该做的事不做，连尺寸也不知道，能做衣服吗？

几天后，裁缝把官服送去，御史穿上，果然合身得体。御史更觉奇妙，请他来问个究竟。当裁缝回答后，御史十分佩服。

试问，裁缝是怎样回答的呢？

78. 赵广拒画

赵广是宋代著名画家李伯时的书童。李伯时绘画时，他在左右侍候。久而久之，也学会了画画，而且他的画简直和李伯时的画不相上下。李伯时经常让赵广代自己作画，然后署上自己的姓名，一般人根本分不出真假。

金兵南下，赵广不幸被敌军抓去。金兵听说赵广是画家，便要他画掳来的南宋妇女像。赵广推托自己不会画画，断然加以拒绝。金兵持刀威胁，赵广仍不从命。金兵恼羞成怒，要砍掉赵广的手指，使他终生不能再握笔作画。赵广再三申辩自己不会画画，要求金兵不要错怪他。毫无人性的金兵，根本不理赵广的话，残忍地砍掉了他右手的大拇指，并把他赶出兵营。

赵广逃到南宋境内。他养好伤之后，索性公开卖画为生，他右手大拇指已没有了，可是却丝毫没有影响他画画。

你知道这是为什么吗？

79. 巧惩贼将

宋朝末年，元军长驱直入。扬州是兵家必争之地，当时局势很乱，百姓纷纷向四郊逃难。

有一个身强体健的妇女，当扬州将沦陷时，嘱丈夫带儿女先出城逃难，自己将家产藏好，然后怀揣一把利剪，出城寻夫。途中，遇一敌将，见她颇有风姿，骑马追来，喝令站住。但那妇女急中生智，想了一个办法，终于使贼将自己害死了自己。

试问，那妇女用的什么巧计？

80. 一匹瘦马

宋朝开国皇帝宋太祖，曾经当面答应张融，要提升他为司徒长史，可是过了很久，任命的文书始终没有下来。

一次，张融陪宋太祖外出，故意骑了一匹非常瘦的马。宋太祖见了，就问他说："你的这匹马怎么这样瘦呀，你每天喂它吃多少粮草？"

当张融回答以后，宋太祖立即任命他为司徒长史。

试问，张融是怎样回答的呢？

81. 一女配三家

专以作媒为生的陆媒婆，生有一女，取名彩姣。长到十八岁，因容貌美丽，求婚者甚多，却都被陆媒婆一一回绝了。因为她要把女儿当作"摇钱树"，嫁个有钱有势的人家，以便吃穿不愁，终身有靠。

赵村有个告老还乡的府台大人，愿娶彩姣为媳。陆媒婆想赵家不但富有，而且朝中还有高亲，就把女儿许配给赵公子，取了聘银一千两。

不久，有位沈家公子托人求亲。陆媒婆一打听，沈府不但豪富，而且沈老爷正在朝中做官，如果攀上这门亲戚，自己马上可以享大福，

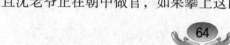

于是又把女儿许配给沈公子，收取聘银二千两。

又过了一段时间，又有位徐公子请人来做媒，愿娶彩姣为妻。陆媒婆想，徐老爷是当地的府台大人，结了这门亲，连县官老爷见了我也得低头三分。于是她又将女儿许配给徐公子，得了三千两银子。

一女配三家，情理难容。但陆媒婆认为，有当地府台大人做靠山，还怕什么？

迎亲那天，三家花轿都来接新娘了。只有一个彩姣，三家争吵起来，于是告到官府。知县见三家都不好得罪，此案实在难判，只好向师爷请教，绍兴师爷替县令想出一条妙计，判了此案。

试问，他想的什么妙计？

82. 百文百鸡

我国南北朝时期有个著名数学家叫张邱建，他出生于一个养鸡人家。八九岁时，父亲就经常带他上城里去卖鸡，小邱建的任务是在一旁帮助父亲算账。

瞧，上百只鸡，看公鸡、母鸡、大鸡、小鸡，价格不一，买的数量各异，但小邱建的眼睛一转，就能口算得分厘不差。邻居们都称小邱建为"神童"，有什么疑难问题常找他帮助解算。

小邱建"神童"的美称传遍了附近乡里，传到县官的耳朵里。县官不大相信，想亲自试一试。

这天，县官派人把小邱建的父亲请来，交给他一百文钱，让他送一百只鸡来，当时的鸡价是：公鸡每只五文钱，母鸡每只三文钱，小鸡三只一文钱。

一路上，小邱建的父亲绞尽脑汁也没算清这百鸡账。没想到回家给小邱建一说，邱建转了转眼，对父亲说道："明天给县官送去四只公鸡、十八只母鸡、七十八只小鸡。"

第二天，邱建的父亲将鸡如数送给县官。县官一查点，鸡的品种、数量与钱数正好相符，不禁暗暗叫绝。他想再考考神童，于是再给邱建的父亲一百文钱，让他仍买一百只鸡来，但三种鸡不能与这次相同。

父亲很担心，心想：儿子还能算出新的鸡数吗？不料回家后，小邱建很快就算好了：八只公鸡、十一只母鸡、八十一只小鸡。他父亲一算，加起来正好还是一百只鸡合一百文钱。

这次，父亲干脆带上小邱建一同去送鸡。县官点过鸡数，连声赞好，又拿出一百文钱，仍让邱建的父亲再送品种不同的一百只鸡。

试问，这一次鸡应该怎样算呢？

83. 管仲买鹿

齐桓公依靠管仲把国家治理得很好，征服了许多割据一方的诸侯国。但是，楚国却不肯听齐国的号令，若不能征服楚国，齐国就不能成为中原霸主。那么，如何征服楚国呢？

齐国好几位大将向齐桓公请战，要求率重兵去打楚国。担任相国的管仲却连连摇头，他对将军们说："齐楚交战，旗鼓相当，够一阵拼杀的。战争将用完齐国辛辛苦苦积蓄下来的粮草。更何况，齐楚两国几万生灵将成为尸骨。"

将军们哑口无言，都用询问的目光注视着功劳卓著的管仲。管仲却不慌不忙，带领许多人看炼铜去了。

一天，管仲派一百多名商人到楚国去购鹿。鹿是齐国稀少的动物，仅楚国才有。但楚人只把鹿作为一般的动物，用很少的钱就可以买一头。

管仲派去的商人按管仲的授意，在楚国到处扬言："齐桓公好鹿，不惜重金。"

齐国商人抬价购鹿，三枚铜币一头。过了十天，加价五枚铜币一头。

楚成王和大臣闻知此事后，颇为兴奋。他们以为繁荣昌盛的齐国即将遭殃，因为十年前卫国的国君因好鹤而把国亡了，齐桓公好鹿，正在蹈其覆辙。楚成王想，等齐国大伤元气后，我们好取而代之。

管仲竟把鹿价又提高到 40 枚铜币一头。

依靠这一办法，不久，齐国征服了楚国。

试问，这是什么道理呢？

84. 小儿擒盗

北宋神宗年间，江州人王昭在朝为官，全家住在京城内，王昭有个小儿子，排行十三，人称十三郎。别看这孩子只有五岁多，却聪明乖巧，招人喜爱。

那年正月十五晚上，京城里家家户户都点起各色奇巧的花灯。王昭一家，老老少少，一个个打扮得漂漂亮亮，来街上观灯。十三郎的穿戴更是不凡，仅头上那顶帽子就值一千来贯钱。王昭嘱咐家人王吉，把十三郎驮在背上，随大家一起去观灯。

王家一行人边走边看，不觉来到宣德门前。恰好神宗皇帝也在这里看灯，你看那楼上灯光灿烂，香烟袅袅；楼下百戏纷呈，锣鼓喧天，丝竹声声，王吉随着人流涌入人群之中，因肩上驮着十三郎，不便观看，挨挨挤挤，很不得意。忽然他觉得背上轻松了许多，一时忘乎所以，伸伸腰、抬头看，呆呆地向上看看。正看得起劲，他猛然惊觉，急回头看时，背上没了十三郎。这一惊非同小可，王吉顿时冷汗直冒，连忙四下望去，到处呼喊，仍然不见十三郎的影子……

十三郎正在王吉背上看灯，忽然有人挨到王吉身旁，轻轻伸手将他接去，仍旧一般驮着。十三郎贪着看灯，也没觉出来。只见那个人在人群中乱挤着向外边急走。十三郎大声喊："王吉，到哪儿去呀。"

再定睛一看，哪里是王吉，衣帽装束，都另一个样子了。十三郎年纪虽小，心里却十分明白，他知道是被人拐了。他想声张，左右却不见一个熟人。心里思量："此人一定是贪我头上珠帽，如被他抢去，就很难找回来了。于是就把帽子摘下来，揣在袖中。十三郎在那人背上也不言语，也不声张，就像什么也不知道似的，任那人驮着往前走。当走到东华门时，十三郎看见四五乘快轿过来，心想：这一定是官轿，我要喊叫才行。待轿子走近，十三郎大呼："有贼。救人。救人。"

这一喊不要紧，那人吃了惊，怕被人抓住，连忙把十三郎扔在地上，脱身便跑。轿中人听见孩子呼救，推开帘子一看，见是一个青头白脸的小孩子，忙叫住轿，命人抱过来，细问来历，十三郎一一回答了。轿中人见他说话明白，心里很高兴，摸着他的头说："乖乖，你不要怕，随我去。"说着，双手抱住十三郎，一直进了东华门，入宫中去了。

原来轿中人是宫中管事的中大人，因皇帝观灯已毕，先同几位官员回宫中排宴，不期遇到了十三郎。中大人吩咐从人，将小孩安置了住处。

第二天早朝毕后，中大人启奏神宗皇帝："臣等昨夜赏灯回来，拾到一个失落的孩子，不知是谁家之子，请圣上定夺。"

神宗听后命把孩子带来。十三郎进来后，神宗见他长的聪明伶俐，忙问："你是谁家之子？可晓得你姓什么吗？"

十三郎大声答道："孩儿姓王，是大臣王昭的小儿子。"

神宗见他说出话来，声音清朗，且言语有礼，更加惊异。便一一问了他失落的原因，十三郎对答如流。神宗说："朕想送你回家，只可惜无处找那个作案的人。"

十三郎答道："陛下要查此人，一点不难。"

神宗惊喜地问他："你有何见识，可以擒获此人？"

当十三郎说出了原因以后，盗贼很快就被捉住了。

试问，十三郎说的是什么原因呢？

85. 金匾题字

李调元回到罗江后不久，四川安县有个姓陈的知县，因搜刮乡民，贿赂上司，刚刚擢升为汉州（今广汉）知州，即将走马上任。他为了粉饰自己，自制了一块金匾，备制了蜀缎四匹，银耳八封，还有一大坛花红酒礼，亲赴罗江，要请李调元给他金匾题字。

李调元一听赃官来访，意在题匾，忙命家人阻于门外，勿使赃了地皮；同时匆匆拿起画笔，将作画的色盘一并搬出家门，用红、白二色在匾上题了"案悬起敬"四个字，题完转身便关上门。

陈知县不解其意，反正匾已题了，乐得省下财礼。随行师爷见匾上四字龙飞凤舞，写得极好，也忙捧场说："李翰林赞誉大人断案明察秋毫，犹如明镜高悬，令人起敬。"

这赃官一听，更是喜形于色，忙向李调元的大门拱揖礼拜，说道："多谢翰林公栽培，下官有礼了！"又命人将匾抬走，一路洋洋得意，直抬进汉州衙门悬挂起来。

汉州百姓闻李调元给赃官题匾，十分惊讶，都来观看。一看之后，不禁捧腹大笑起来。

试问，大家为什么要笑呢？

86. 姓啥

从前有三位秀才赴京赶考，同来到一家客店里住宿。夜深人静，寒气袭人，他们冷得不能入睡，便点了灯，坐在床上。一个秀才叹了口气说："这次赴京，如再落第，一定要将我的姓倒着写了。"第二个秀才听罢后说："此番进京，再名落孙山，誓把我的姓横着写啦。"第三个秀才微笑着说："这次上京，如果金榜无名，我和你们俩一样，决定将姓氏调过来写啊。"言毕，三人互通姓氏。第一个说："我的姓是土上倒土。"第二个说："我家比你家，左右多了两堵墙。"第三个不禁哑然失笑，说："我在你家上面长苗，下面生根呢。"原来三位秀才的姓氏正写反写都是一样。

请大家猜猜看，他们各姓啥呢？

87. 加衣受罚

从前，韩昭侯有一次喝了酒，昏睡在床上。管理帽子的官员见到君主要着凉，便拿了一件衣服盖在他身上。

韩昭侯醒来后，很是高兴，因为那件衣服没有使他受凉。他向身边的侍从们说："是谁替我加衣服的？"

侍从们回答说："是管理帽子的官。"

韩昭侯听了以后，却立即把管理衣服的官和管理帽子的官都办了罪。

试问，韩昭侯为什么要这样做呢？

88. 善言诲盗

陈实做了太丘县令，对触犯了法律的犯人很是宽厚，主要用道理来教育感化，使犯人认识到自己的行为是可耻的，从而不再犯罪。

当时年成不好，连年荒旱，人民生活十分困苦，许多人不得已干些偷鸡摸狗的勾当。一天夜里，有个小偷潜入陈实的卧房，躲在房梁上窥伺，不料被陈实发觉了。陈实没有叫人来捉贼，而是想了一个办法，感动得小偷自己认罪。

试问，他想的什么办法呢？

89. 吹牛惹祸

从前，有一对老夫妻，家里很穷。一年三百六十天菜刀挂壁，米缸朝天。一年，夫妻俩忽然生下一个儿子。老两口别提有多高兴了，就一把屎一把尿地把他拉扯大，取名刘小。因为家境贫寒，一直没钱供刘小读书。可刘小却十分聪明，见什么学什么，学什么会什么。二十岁的时候就满腹诗文，能出口成章。

这年春天，朝廷开科取士。刘小就央求父母，让他进京考试，父亲摇着头说："进京几百里路，咱们哪来的盘缠？"也算刘小运气好，正巧有个做生意的商人路过这里，要雇人挑东西进京，他就当了这个差，顺利到了都城。三场考完，他金榜题名，竟中了状元。

刘小中状元后，皇上召见了他，问起他的家境。那时候，中状元的只有大户人家的子弟才能做大官，否则，即使再有本事，也不能重用。刘小为了讨个大官做，就撒了个谎，对皇上吹牛说："我家是千柱落地，万马归槽；八十人挑水，七十人煮饭；三只盐船下河，若有哪只不来，就要全家吃淡。"

皇上一听，心想：这状元的家境非同一般，要是造起反来，那江山就要换姓了，不如早早地除掉他。于是，就命人把状元推出去斩了。

试问，刘小的话是什么意思呢？

90. 海瑞断案

一天，海瑞刚升堂，大堂下拉拉扯扯进来三个人。一起跪在案前。

海瑞问道："你们三人有什么事？谁是原告？"

其中一个抢先说道："海大人，我是原告。我叫金有权，状告我的岳父。两年前，我父亲在杭州做官，当时岳父把他女儿陈杏元许配给我。现在，陈杏元又另许他人，求老爷为我做主。"

海瑞转问第二人。这人上前跪拜一步，说："海大人，我也是原告，叫金维钱。我的岳母，就是陈杏元的母亲，她亲自把杏元许配给我。我都将六大聘礼送过去了，准备选个好日子成婚。谁想到陈杏元还许配给了别人。求老爷为我做主，把杏元断给我。"

再看那第三人，衣衫破旧，但谈吐斯文，说道："老爷，我叫梅生，和杏元一个村。我们俩从小就情投意合，她已经亲自与我定了终身。我是非杏元不娶，杏元是非我不嫁。请老爷做主，成全我们。"

海瑞听了三个人的陈词，心里可就犯了难了：杏元和梅生，两相情好，私订终身，情有可原。这杏元的父母做的可就不对了。一个贪权贵，一个贪钱财，把一个女儿许配给两个人家。这事怎么处理呢？

忽然，海瑞想了个主意，很快把杏元判给了其中一个人，而其他两人无话可说。

试问，海瑞是怎样判的呢？

91. 考场趣事

清道光年间，某省举行会试，文章考题是"父母在"三个字。

科举考试除正副主考官外，下边还有房考官，分房审阅考生考卷。这次有位房考官，发现一个名叫李桐的考生交上的文章，破题第一句写的是："所谓父母，是什么东西啊？"（"夫父母者，何物也？"）

看到这儿，房考官忍不住大笑起来。

消息很快传遍各个考房，各房考官都争先恐后跑来欣赏李桐的妙文。大家看后都捧腹大笑。

事情传到主考官耳朵里，主考立刻调了李桐这份试卷去看。

"好，太好了。"主考官击节称赞，"这是我看到的最好的一篇文章，快去请李桐来见我。"

见面后，李桐恭敬地回答："主考大人，学生在考试前做了个梦，梦中有个金甲神对我说："这次会试无论什么题目，你在破题上都要用这么一句。你写了这一句，一定中举；否则，你就要名落孙山——所以学生只好用了这么一句。"

主考官又惊又喜："好，这是你祖上积德，才有神人助你。不过，现在你可以把这句破题改掉，重誊一份考卷直接交给我就行了。"

李桐自然遵命照办。结果，他被主考官亲自取中，高高兴兴做了名举人。

其实这是李桐故意玩的花招。

那么，他为什么要这么干呢？你知道吗？

92. 法官的正确裁决

靠淘金起家的富翁汉森，临终前把他的两个伙伴叫到床前，告诉他们一个不为人知的砂金产地，允许他们到那儿淘金，前提是他们永远不把秘密外传，并且只去一次。他们定的契约上规定，两个伙伴——泰尔和西德尼，或者他们的随从，只要能将金子背回汉森家，无论数量多少，都将归背者所有。

第二天，他俩启程了，一头驴子驮着他们的工具和食物。半年之后，他们淘得的砂金够带了。便铸成一块长 1 英尺、宽高均为 6 英寸的金砖回到了汉森的家。两人都说金砖是自己背回来的。在法庭上，法官看了那块金砖和那份契约，便作出了正确的裁决。

那么，金砖归谁所有了？

93. 刑警漂亮的推理

在洛杉矶市的饭店，一客人服毒自杀，接到报警的洛杉矶警察局刑警科伦坡赶来验尸。

尸体躺在床上，是个中年绅士，的确是氰酸钾中毒死亡。

"是三天前住进饭店的英国客人，桌子上有封遗书。"饭店经理给他看了遗书。

遗书是用电动打字机打的，只有署名和日期是手写的。日期是"*3、15、90*"即 *1990* 年 *3* 月 *15* 日，也就是昨天。

"你是说这个客人是英国人吧，那么这份遗书是伪造的。是伪装自杀的他杀。凶手有可能是美国人。"科伦坡刑警读罢遗书后马上下了结论。

那么证据是什么？

94. 往返飞行

一架飞机从 A 城飞往 B 城，然后返回 A 城。在无风的情况下，它整个往返飞行的平均地速（相对于地面的速度）为每小时 *100* 英里。假设沿着从 A 城到 B 城的方向笔直地刮着一股持续的大风。如果在飞机往返飞行的整个过程中发动机的速度同往常完全一样，这股风将对飞机往返飞行的平均地速有何影响？

怀特先生论证道："这股风根本不会影响平均地速。在飞机从 A 城飞往 B 城的过程中，大风将加快飞机的速度，但在返回的过程中大风将以相等的数量减缓飞机的速度。""这似乎言之有理，"布朗先生表示赞同，"但是，假如风速是每小时 100 英里。飞机将以每小时 200 英里的速度从 A 城飞往 B 城，但它返回时的速度将是零！飞机根本不能飞回来！"你能解释这似乎矛盾的现象吗？

95. 菜地面积是多少

羊伯伯是种菜能手，它种的菜年年获得大丰收。

许多动物闻讯都远道赶来，向羊伯伯请教种菜经验。

羊伯伯很热情，它把平时种菜得来的经验，毫无保留地介绍给来访者。

羊伯伯的名气越来越响，电视台还派了记者来采访它。

"请问您种的菜为什么长得这么好？"记者握着话筒问它。

羊伯伯回答得很形象，它说："我把它们都看作是我自己的孩子，无微不至地照顾它们。这是最根本的原因。"

"您回答得真是好极了。"记者说。

后来，有一家农场要请羊伯伯去作报告，羊伯伯连夜准备发言稿。

写着，写着，它写不下去了。因为它不知道它的蔬菜田面积是多少，也不会计算。

羊伯伯跑去请教老马先生。老马先生是村里的秀才，它知识丰富，大家遇事总爱找它帮忙。

老马先生一口答应，它说："今天我就抽空帮你去测量，然后算好答案给您送去。"

羊伯伯走后，老马先生做完手头的事，就跑到羊伯伯的田头，仔细测量起来。

羊伯伯的蔬菜地呈长方形，测量好长和宽后，老马先生回到家计算起蔬菜田的面积来。

正巧这时候它的小孙子小马驹放学回家，小马驹问爷爷；"爷爷，您在干什么呀？"

老马先生讲了羊伯伯托的事，想起小孙子已经学过怎么计算长方形面积，有意要考考它，就出了这样一道题；

"一块长方形土地，如果长减少 5 米，面积就减少 200 平方米；如果宽增加 4 米，面积就增加 320 平方米，这块土地的面积是多少？"

小马驹是班里数学课代表，数学成绩很好，这道题难不住它，很快就算出来了。

老马先生夸小孙子回答得好，说："这个面积就是羊伯伯蔬菜田的面积，你去把结果告诉它吧。"

小马驹二话没说就跑去了。

你们知道小马驹是如何算得吗？

96. 篮球、排球各有多少

小海豹和小海象在同一个学校读书，它们坐同一张课桌。这天上最后一节课时，小海豹碰碰小海象，悄悄对它说："下课后去打球好吗？"

小海象刚想回答，被鲸鱼老师发现了，它严厉地说："你们两位在干什么？站起来！"

小海象站起来了，小海豹却坐着不动。

"小海豹！"鲸鱼老师有点生气了，它大声喊道。

小海豹脾气很犟，它还是不动，嘴里嘀咕道："我又没干什么，只不过说了一句话。"

鲸鱼老师走了过来，它看上去有点怒气冲冲，说："你耳聋

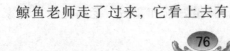

了吗?"

小海豹很不情愿地站起来,低着头。

"快说,刚才你们在说什么?"鲸鱼老师的口气有点缓和了下来。

小海象胆子小,当鲸鱼老师的眼光转向它时,它说了出来:"小海豹叫我下课后去打球。"

小海豹狠狠瞪了小海象一眼,心里骂它是叛徒。

"哦,原来是这么回事!"鲸鱼老师说:"我也爱打球,下课后我们一起去好吗? 不过,这是下课以后的事,上课时你们可得好好听。"

小海豹原以为鲸鱼老师会狠狠地训它一顿,现在听它这样说,松了一口气,心里想鲸鱼老师还是蛮可亲的。

不知怎么回事,在接下去的这段时间里,小海豹再也没有开小差,它听得很认真,这可是从来也没有过的。小海象呢,也同样如此。

下课铃声响了,鲸鱼老师向它们走过来,说:"怎么样,打球去吧?"

小海豹和小海象受宠若惊,一时竟有点不知所措。

"走! 先到体育室借球去。"鲸鱼老师说完,转身向教室外走去。

一路上,鲸鱼老师有意要考考它们上课的内容听了没有,便说:"体育室有足球 12 只,是篮球只数的 2 倍,排球的只数比足球的 2 倍多 6 只。你们算算看,篮球有多少? 排球有多少?"

小海豹和小海象由于这节课认真听讲了,所以马上把答案算了出来。

鲸鱼老师听了;高兴得连声说"对"!

这以后,小海豹和小海象好像一下懂得了学习有多重要,上课可认真了。

小朋友们! 你们知道小海豹和小海象是怎么算得吗?

97. 小乌龟拜师学算术

依山傍水的动物村里，住着一位木匠——老乌龟。老乌龟有一个宝贝儿子——小乌龟。

小乌龟还在刚会走路的时候，就跟着老乌龟学做家具。老乌龟做一只桌子，它学做一只小桌子；老乌龟做二个凳子，它仿做一个小凳子……做什么像什么，村里的动物谁见了都夸它聪明。

有一天，动物村来了一位猩猩博士，它学问高深，尤其精通算术。

老乌龟很想让小乌龟去拜猩猩博士为师，因为它知道要想真正学会高深的木匠手艺，得有坚实的算术基础。

主意打定，老乌龟准备了一份厚礼，上门拜见猩猩博士。

猩猩博士热情地接待了老乌龟，说它去过很多地方，唯有这个动物村最干净，动物们也最讲礼貌，所以它预备在这里多住一段时间。

老乌龟趁机提出它的要求——请猩猩博士收它的儿子为徒，学习算术。

猩猩博士没有立即答应，它说它收学生有很高的要求，得聪明好学。

老乌龟对此并不担忧，说它的儿子小乌龟是完全符合博士要求的，并一再恳求。

猩猩博士闻此言，终于答应收小乌龟为徒。

小乌龟自打拜猩猩博士为师后，每日勤奋学习，进步很快。一般小动物要花三四年时光才能全部学完的《动物算术本经》，它只花了一年多一点的时间就已完全掌握了。

猩猩博士对小乌龟很是赏识，这日，它对小乌龟说："你已经学完《动物算术本经》，待我出题考考你。"

"请老师出题吧!"小乌龟十分恭敬地说。

猩猩博士推了推架在鼻梁上的眼镜,说:"假设从动物村出发到狮王所住的王宫,要翻过99座山,渡过99条河。再假如翻每座山平均要行763米,渡每条河平均要行237米。你算一下翻山和渡河一共要行多少米?"

小乌龟略为思索了一下,拿出纸、笔,很快列出了这样一道算式:然后它大声报出答案。

猩猩博士听了连声夸奖,说它回答得完全正确。

后来,小乌龟因为算术学得好,成了一名能工巧匠,连狮王都指名要它打家具。

小乌龟列出了一道什么样的算式?

98. 两站相距多少千米

小狗很想学会游泳,能够像鸭子一样在水面上划来划去,那一定是非常有趣的。

小狗去请教鸭子:"我怎么才能学会游泳呢?"

鸭子说:"你要每天练习,慢慢就会了。"

小狗跟着鸭子学游泳。第一天,它呛了一肚子水;第二天,它的头撞到水中的石头,差点没昏过去;第三天,它的尾巴被水中的水草缠住,差点没把尾巴连根拔了。

小狗泄气了:这样下去,游泳没学会,性命倒快要学丢了。

小狗不辞而别,离开了鸭子。

几天后,小狗经过一个小河,看到小河里有许多小鱼在快活地游来游去。

"鱼天天生活在水里,要是我学会吃鱼,那我一定就会游泳了。"

小狗异想天开。

小狗马上跑到集市上，买了鱼就吃。

小动物们见了，奇怪地围住它，问："你不是从来不吃鱼的吗？"

小狗不回答，它闭着眼睛把鱼往嘴里塞。

鱼还没咽到肚子里，小狗就大吐特吐起来。因为鱼的味道对于狗来说太难吃了。

后来它总算把一条鱼吃了下去。"啊！我成功了。"小狗大叫道，飞快向小河跑去。

小动物们不知道它要干什么，都对着它的背影摇摇头，议论说："这条狗快要发疯了！"

正说间，小狗跑到小河边，脱去外衣，两脚一蹬就跳入了河里。

小狗原以为它现在会像鱼一样自如地在水中游动，哪知道，它的身子直往水下沉去。

"救……"话还没喊出来，就不见了它的影子。

当小狗醒来的时候，它正躺在医院的病床上。

"你怎么能自杀呢？"绵羊护士这时走进来说，"要不是小水牛把你救上来，你肯定没命了。"

小狗张了张嘴说不出话来，它的脸红红的，在心里骂自己："我真是一只愚蠢的狗。"

小狗住在医院里，不能去上学。它的伙伴们每天放学后，都去医院看它，告诉它老师讲课的内容。这天的作业中，有一道题是这样的：两列火车同时从甲乙两站相向而行，第一次相遇在离甲站 40 千米的地方，两车仍以原速度继续前进，各车分别到站后立即返回，又在离乙站 20 千米的地方相遇。问两站相距多少千米？

小狗经过反复思考，很快做出了这道题：

99. A 代表几呢

大鼻孔巨人被人们视作怪物，不得不离家出走。

走啊走，天色晚了，大鼻孔巨人就在山梁上躺下来，准备就这样过一夜。

再说有只小松鼠，它迷路了找不到家。它一路"呜呜"哭着找来，走到大鼻孔巨人睡觉的地方，看见大鼻孔巨人的两个大鼻孔，以为是两个山洞，就钻进其中一个去了。

第二天早上大鼻孔巨人醒来，拍拍身上的灰尘，继续赶路。

前面是一个小城，大鼻孔巨人闻到一股炒面的香味，就径直向面馆走去。从昨天到现在，他还什么都没吃过呢。

吃面的顾客队伍排得很长，大鼻孔巨人走到队伍后面也排起队来。

前面有个顾客在喊："给我加点胡椒粉。"

随之，一阵辣味在空气中弥漫开来，大鼻孔巨人觉得鼻子一阵痒痒，张大嘴巴打了个大喷嚏。

随着这一声惊天动地的喷嚏声，从大鼻孔巨人的鼻孔里喷出一只小松鼠，顾客们见了，吓得四处逃散。

小松鼠和大鼻孔巨人面对面站着，都弄不明白是怎么回事。

终于，大鼻孔巨人问："你怎么钻在我的鼻子里？"

小松鼠说："你是说我钻在你的鼻子里？你可真会开玩笑。"

"那你怎么会在我的鼻子里？一大鼻孔巨人问。"

"我正要问你呢。"小松鼠说，"我在一个山洞里过夜，你是怎么把我弄到这里来的？"

小松鼠终于弄明白了，它误把大鼻孔巨人的鼻孔当作山洞钻了进去。这次奇遇，使小松鼠和大鼻孔巨人成了好朋友。

有一回，大鼻孔巨人躺着看书，看到一道题，他左思右想解不出来。题目是这样的：有一个四位数——3AA1，它能被9整除，这里A代表几呢？

巨人把题目拿给小松鼠看，请小松鼠帮着解答。小松鼠开动脑筋，想了好久，最后还是算出来了。

100. 使得数都是100

住在外星球上的肥肥熊来地球玩。它看到树木，惊奇地说："这是什么？长这么高？"

"喂！你们是谁？"肥肥熊问。

树木不回答，只是发出"沙沙沙"的声音。

"我们来比比谁的力气大！"肥肥熊说，抱住一棵树，用力一拔，把它拔出来了。

"和你也来比比！"肥肥熊抱住另一棵树，一用力，也把它给拔出来了。

肥肥熊拔了一棵树又一棵树，越拔越起劲。

"你这个傻熊！你在干什么？"突然，传来一声大喊。

肥肥熊一愣，回头一看，是一只可爱的长耳朵兔。

"我在和它们比赛谁的力气大。"肥肥熊指着被它拔出来的树木说。

"唉呀！"长耳朵兔跺着脚说，"树木拔出来是要死的。"

"这是真的吗？"肥肥熊后悔地说，"我真是太傻了。现在可怎么办呢？"

"赶快把它们种下去呀！"长耳朵兔说。

肥肥熊"嗯嗯"答应着，立即动手。

树都重新种好了，长耳朵兔也知道肥肥熊是从外星球上来的，它抱歉地说："对不起，我刚才不该那样说你。"

"没关系。"肥肥熊笑着说，"也怪我对你们地球太不了解。"

它们就这么认识了，并很快熟悉起来，互相说了许多知心话。

长耳朵兔问肥肥熊："你们在外星球做算术吗？"

肥肥熊答："做的呀。"

"那你能利用五个 1、五个 3、五个 5，分别列出三个算式，使它们的得数都等于 100 吗？"

肥肥熊想了想，马上就把三个式子列了出来（一）：

长耳朵兔看了连连点头。接着，它又提出把六个 5、七个 5、八个 5，再列出三个算式，使得数还是等于 100。

肥肥熊很快又列出了式子：（二）

长耳朵兔看了，冲着肥肥熊直竖大拇指。

肥肥熊是怎样列的算式呢？

101. 共有多少本书

动物学校成立不久，需要买些图书作为学生们的课外读物。

这天放学后，狒狒校长找到几位大同学：小野猪、小野牛、小野马、小骆驼，对它们说："明天是星期天，交给你们一个任务，能完成吗？"

"能完成！"四只小动物一齐回答。

狒狒校长把小野猪和小野牛拉到一起，说："明天你们两个去城里各个书店买故事书，挑小动物们爱看的，能买多少就买多少。"

然后，狒狒校长又把小野马、小骆驼拉到一边，说："你们两个呢，去买连环画，多少也不论，只要是适合小动物们看的，它们爱

83

看的。"

"都明白了吗?"最后,狒狒校长又加了一句。

"明白了!"四只小动物响亮地回答。

第二天一早,小野猪、小野牛先到了位于朝阳街的动物书店。书架上书很多,买书的动物顾客也不少。它们挤进去,一本书一本书看过去。看到合适的,就从书架上取下来。

整个店堂看下来,它们共挑选了 48 本书,付过钱后,背着书走向下一家书店。

再说小野马和小骆驼,它们到了高架公路边的大桥书店,这家书店专门卖连环画,小有名气。

它们进去,立刻被设计新颖、颜色鲜艳的连环画吸引住了,看看这本,好的;看看那本,也是好的。

小野马望望店里满书架满书架的书,犯难地说:"把这么多书全买下来吗?"

这时,营业员仙鹤小姐走过来,热情地给它们介绍起来,哪些是最新版的,哪些是名家写的……

听了仙鹤小姐的介绍,小野马和小骆驼开始认真地挑书。

星期一,新买的图书都堆到了狒狒校长面前,狒狒校长仔细看了看书目,很满意。

正在这时,一群小动物跑过来,看到有那么多书,都高兴地叫起来。

"共有多少本书呀?"不知是谁问。

狒狒校长说:"连环画有 170 本,故事书比连环画少 30 本。共有多少本,你们算算看。"

小动物们都开动小脑筋算了起来,不一会儿,小猴就把结果告诉了大家。你们知道小猴是怎样算得吗?

102. 共有多少学生做早操

长鼻子大象学会了气功，它一发功，鼻子会变粗变长，可厉害了。

天气渐渐变冷了，小动物们很长时间没有洗澡了，身上都发出一股股臭味。

"来，你们都跟我来。"长鼻子大象甩着长鼻子招呼小动物们说。

"干什么呀？"小动物们问。

"你们到时就会知道的。"长鼻子大象说，带头走去了。

小动物们跟着长鼻子大象走，来到一条小河边。

长鼻子大象指挥小动物们围成一个圆圈。"现在开始洗澡。"长鼻子大象说着把长鼻子伸进小河里，吸足水，然后把长鼻子高高举起来，就要对着小动物们喷水。

小动物们吓得一个个跳开去，纷纷嚷道："你要冻死我们呀？"

"从我鼻孔里喷出来的水是热的。"长鼻子大象说，"一点也不会冷！"

"真的？"小动物们犹豫着回到原来站的地方。

哗哗的水喷下来了，果然是热水，小动物们洗得开心极了。

"河里的水是冷的，怎么到了你鼻子里就变热了呢？"小动物们问长鼻子大象。

"我会气功，我一发功水就变热了。"长鼻子大象骄傲地说。

从此以后，关于长鼻子大象会气功的消息越传越远，最后连狮子国王也知道了。

狮子国王把长鼻子大象召去，要它教气功。

你猜长鼻子大象怎么说，它说："凡跟我学气功的，我一律都要出题考考它，您也不能例外。"

狮子国王哈哈大笑，说；"你考吧。"

长鼻子大象出了一道算术题，是这样的：

动物小学全体学生排队做早操，如果把学生排成正方形，则多余28个学生；若纵横每排增加 1 个，排成方阵时则缺少 25 个。问动物小学共有多少学生做早操？

狮子国王当然算得出这样的题目，要没有一点本事，它也做不了国王。当下，它就算了出来：

长鼻子大象见狮子国王这么快就算了出来，同意教它气功。

狮子国王是这样算得：

103. 一起讨论题目

小棕熊仗着力气大，常欺侮弱小的小动物，像小猎狗、小山羊等等。

一日，一辆卡车驶过林中道路，在它不小心撞上一块石头的时候，一只红色的小瓶子掉下来，滚到草丛里去了。卡车主人不知道，开着车子走远了。

这一切恰巧被路过的小棕熊看见，它跑过来拾起小瓶子，原来是一瓶人人最爱喝的"可口可乐"。

小棕熊很想尝尝，它用力掰瓶盖，可怎么也掰不开。

小猎狗哼着歌儿去小山羊家，猛抬头看见小棕熊，吓得躲进树丛，不敢动。

好久，不见小棕熊走开。"它在干什么呢？"小猎狗悄悄走近去，嗅，原来它在为打不开瓶盖伤脑筋。

"它不是常夸口力气大，欺侮我们吗？这回，总算遇到了力气比它大的，哼，活该！"小猎狗有点幸灾乐祸，差点笑出声来。

"让我去告诉朋友们，一起来看小棕熊的笑话。"小猎狗去叫来了小山羊、小山猫等，一起来看小棕熊的笑话。

天渐渐黑下来了，小棕熊还没打开瓶盖，小山羊心地善良，它回去拿了铁起子，借给小棕熊开瓶盖。

小棕熊终于打开了瓶盖，它很感激小山羊，同时也感到很难为情，它小声对小动物们说："我以后再也不欺侮你们了。"

后来啊，小棕熊和小动物们可要好了，它们常在一起玩，还一起做作业呢。

有一次，它们在一起讨论一道题目，题目是这样的：

56 只小动物住 9 间宿舍，至少有 1 间宿舍要住几只小动物或者更多些？

聪明的小猎狗马上这么想到：

104. 要铺多少块地砖

儿童乐园新建了一幢活动房，正在装修中。

小动物们都盼望活动房能早日开放，它们好进去玩个痛快。

这天放学后，小乌龟和小蟹经过儿童乐园，小乌龟说："我们进去看看好吗？"

小蟹凡事都听小乌龟的，"好的！"它说。

它们进了儿童乐园，玩了跷跷板，又玩滑滑梯。

突然，小蟹一不小心从梯子上摔了下来，疼得哇哇叫。

小乌龟去扶小蟹，可一碰它，小蟹叫得更响。

小乌龟不知如何是好，忙去搬救兵。正巧新建的活动房中，有一位工匠公鸡伯伯在铺地砖。

"公鸡伯伯，小蟹摔伤了，请您去看看好吗？"小乌龟有礼貌地说。

公鸡伯伯一听，马上放下手中的活，跟着小乌龟来到小蟹身旁。

公鸡伯伯检查了一下，原来小蟹的一条腿摔伤了。

公鸡伯伯非常热心，它背起小蟹来到它工作的地方，让小蟹躺在一张桌子上，先替它洗干净伤口，又用干净的布把伤口包扎好。

小蟹和小乌龟连声道谢，公鸡伯伯摆摆手说："不用谢！以后玩的时候要多加小心。"

"是！"小蟹望着公鸡伯伯，点头答应。

"你在这里再休息一会。"公鸡伯伯对小蟹说，又继续干它的活。

小乌龟看公鸡伯伯铺地砖，看了一会，问："公鸡伯伯，这间房间要铺多少地砖呀？"

公鸡伯伯并不直接回答，它说："这间房间长 12 米，宽 8 米。每块地砖边长是 4 分米。要铺多少块这样的地砖，你自己算吧。"

小乌龟默默算起来。过了一会，它说："我算出来了。"

公鸡伯伯点点头，小乌龟高兴地叫道："哦，我算对啦！"

小乌龟是怎样算得呢？

105. 书架每层原有多少书

小獾爱好读书，獾爸爸给它做了个小书架，专让小獾放书。

小獾把零花钱积攒起来，达到一定数目就去买书。这样，它的书越来越多，摆满了小书架。

小动物们知道了，很羡慕小獾，碰到小谁就说："能让我去你家看书吗？"

"欢迎你们来。"小獾总是这样回答。

这样，小动物们都上小獾家看书来了。

"哇，小獾，你的书真多呀！"小猪说。

小獾得意地点点头，说："以后我还要买更多的书。"

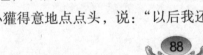

"你现在有多少书呀？"小刺猬问。

"总共有450本。"小獾骄傲地说。这时候它想到一个问题，就从书架的第二层里拿出35本书放到第一层里，从第三层里拿出2本放到第二层里，又从第一层里拿出29本放到第三层里。

做完这一切，小獾说："你们都看到我刚才是怎么拿书、放书的。现在，三层里书的本数正好相等。请你们算算看，书架上每层里原来有多少本书？"

小猪、小刺猬等小动物们紧张地思考起来。过了一会，小刺猬大声说道："我算出来了。"

小伙伴们看到它的结果都说："对！"小獾也表示肯定。

小刺猬是怎样算的：

106. 小猪分馒头

猪妈妈带着小黑黑去外婆家，她把几只大黑黑留在了家里，并在桌上给他们放了16个馒头，要他们饿了就平均分吃。到了中午的时候，大黑黑们开始分吃馒头，但他们怎么也分不均匀，几只大黑黑小猪于是吵了起来。到了晚上，猪妈妈带着小黑黑回来了。原来，猪妈妈连着小黑黑的馒头也放在了桌子上，小黑黑回来了一下就平分了，每个小猪分得了4个馒头。小朋友，你知道猪妈妈把几只大黑黑小猪留在家了吗？

107. 哈哈遇巧嘴

哈哈很喜欢逗人发笑。有一天，妈妈叫他去买菜，他提着篮子走进了一个肉店，一个屠夫问他买什么。他说："不要肥，不要瘦，不要骨头，不要肉。"店主被哈哈逗乐了，拿了一样东西给哈哈，哈哈感到很满意，就问多少钱。店主也想逗逗哈哈，就说："一二三，三二一，一二三四五六七，七加八，八加七，九分十分加十一。"哈哈计算了一下，便付了钱，店主也很满意，两人相视哈哈大笑。

小朋友，你知道哈哈买的什么东西吗？他付了多少钱呢？

108. 小猴吃核桃

花果山秋收了，为了分享胜利果实，孙悟空召集猴子猴孙们分吃核桃。在分核桃前，孙悟空说："今天大家非常高兴，我就出一道吃核桃的问题。假如每 5 个猴子同时吃 5 个桃子要 5 分钟。问：50 个猴子同时吃 50 个桃子一共要多少时间？答对了答的是什么数就奖励多少个，答错了的是什么数就罚多少个。"

孙悟空刚说完，一只小猕猴跳起来就答道："50 分钟！"

小朋友，这个小猕猴答对了吗？

109. 苏武放牛

西汉中期，北方的匈奴经常侵犯西汉北部边疆。于是西汉的皇帝汉武帝命令大臣苏武出使匈奴议和。匈奴单于不仅不跟汉朝议和，反而扣下了苏武，发配他到北海去放牧。北海牧场主也是一个坏蛋，他出了一个题目考苏武。牧场主说："牧场的草让 27 头牛吃可以吃 6 个星期；23 头牛吃，可吃 9 个星期。那么，21 头牛吃，可以吃几个星期？"苏武马上就算出来了。

你知道吗？

110. 孔融装梨

孔融从果园里摘了很多梨，都堆放在地上，他正要一个一个捡回篮子里去，这时他爷爷笑呵呵地来了。他爷爷说："孔融你别忙着装梨，我考一考你，如果篮子里的梨每分钟加一倍，一小时后篮子就满了，那么放半篮梨需要多少时间？"

孔融一算就得出了正确答案。

你想到了没有？

111. 秦桧的卫兵

南宋奸臣秦桧干了很多坏事，他很怕别人秘密地杀掉他。于是他就在自己的相府外设了两道防线。外围是一条从东到西的直线，里面是一道圆形防线，都长 3108 丈。他每隔一丈派守一名卫兵，那么两道防线各要派守多少卫兵？

你知道吗？

112. 花果山和火焰山

火焰山的牛魔王老是想和花果山的孙悟空打一架。孙悟空也想教训牛魔王。于是他们约定在中秋节的时候打架。中秋节到了，牛魔王从火焰山出发，孙悟空从花果山出发。5 个小时后，他们相遇了。在这段时间里，牛魔王比孙悟空少走了 140 公里。孙悟空的行走速度是

91

每小时 *40* 公里。孙悟空对牛魔王说："你知道花果山和火焰山隔着多少公里吗？回答出来了，我们就动手吧，答不出来的话，吃我 *300* 棍。"

牛魔王是个傻瓜，孙悟空硬是打了他 *300* 棍。

113. 米奇和米乐的比赛

老鼠米奇、米乐是兄弟。它们俩都喜欢赛跑。于是它们就手拉着手来到了 *100* 米的赛场上举行比赛。平常米乐要比米奇提前 *10* 米到达终点，但是米奇是哥哥，它不服气。米乐于是对米奇说："哥哥，我把我的起跑线向后移 *10* 米，我仍然能够胜过你。"米奇不信。

你信不信？

114. 猪八戒赶猪

猪八戒每年都要养一些猪进贡给玉皇大帝。从南天门到灵霄宝殿要经过 *8* 道大门，每经过一道大门守门的天兵都要将所赶的猪留下一半，再还一只给猪八戒。现在经过了 *4* 道大门了，猪八戒只剩下两只猪了。

你知道猪八戒原来有多少头猪吗？

115. 朱文亏了没有

朱文的铅笔用完了，于是他向妈妈要了 *1* 元钱去买一支 *0.75* 元的铅笔，但是售货员只找了他 5 分钱。

你说朱文亏了没有？

116. 3 位同学用的力量

学校举行大扫除，小明、小能、娜娜分在一个小组扫操场。他们看见操场上有一块断成三角形的水泥地板砖，很容易把同学们绊倒，需要把破损的地板砖抬出操场。小明说："娜娜，你是女同学力气小，你抬最小的一个角，我与小能是男同学，力气大，我们抬两个大角。"

小明这样做照顾到了娜娜吗？为什么？

117. 龟兔 100 米赛跑

龟兔赛跑，小白兔因为骄傲自满，在半路上睡了大觉，结果让乌龟跑赢了。小白兔耍赖不认输，要与乌龟进行 100 米赛跑，乌龟只好同意了。小白兔果真一口气跑到了终点，乌龟比小白兔落后了 20 米。乌龟说："3 次定输赢，我们再比一次。"小白兔说："比就比，我让你 20 米远的地方，你在起跑线起跑。"随着小白兔和乌龟高喊"一齐跑"，它们都向终点跑去。请问，这次谁先跑到终点？到底为什么？

118. 烟蒂接成的香烟

有一个烟瘾很大的吝啬人，常用 3 截烟蒂接成一支香烟来吸。在半夜里，他已把整支的香烟吸完，早上烟灰缸里横七竖八地放有 7 截

93

烟蒂。于是，他像平常一样，把烟蒂收集起来接成整支香烟，又吸完了。请问，一早上他吸了几支香烟？

119. 总共才 800 元

新春佳节，两位父亲为两个儿子发压岁钱。一位父亲给了儿子 800 元，另一位父亲给了儿子 300 元。后来，两个儿子数了数自己的钱，发现两人的钱加在一起总共才 800 元。这是什么原因呢？

120. 各有多少苹果

小能和小明手里都拿了一些苹果，假如小能把苹果送一个给小明的话，他们手里的苹果就一样多。假如小明反过来给小能一个苹果，那么小能的苹果恰好是小明的两倍。请仔细想一想，他们原来各有多少个苹果呢？

121. 从轻到重排体重

小红、小兰、小飞、小玲 4 个人是好朋友。有一天，他们一起去商场，在街上看到一个称体重的。于是他们纷纷去称体重，最后的结果是：小红比小飞重，小红加小兰和小飞加小玲相等，小兰一个人比小红加小飞两个人还要重。那么，请问他们从轻到重应该怎样排列？

122. 哪一个是重球

有8个球，其中只有一个稍重一些，但是现在找出这个球的惟一方法是将两个球放在天平上对比。最少要称几次才能找出这个较重的球？

123. 红花、紫花

甲盒放有 M 个红花和 N 个紫花，乙盒中放有足够的紫花。现每次从甲盒中任取 2 朵花放在外面。当被取出的 2 朵花同色时，需再从乙盒中取一个紫花放回甲盒；当取出的是 2 花异色时，将取出的红花再放回甲盒。最后，甲盒中只剩两个花，问剩下一黑一白的概率有多大？

124. 不同的梨

在 *10* 个箱子中，每个箱子有 *10* 个大小重量相同的梨，但是其中有一个箱子的梨每个都是重9量，其他箱子内的梨都是每个 *1* 斤。

现在只有一杆秤，只能称一次，怎样才能找出装9量梨的箱子。

125. 分裂

有一种食用菌，每隔两分钟分裂一次成为两个。分裂后的两个新的食用菌经过两分钟后又会有一个分裂成两个。如果最初一温室内只有一个样菌，那么两分钟后变两个，再过两分钟后就变四个……两小时后，温室内正好长满食用菌。若在这个温室内放入两个样菌。那么经过多少时间后，食用菌正好也能长满温室？

126. 吃油类比

英国人爱吃黄油，小花爱吃黄油，所以，小花是英国人。在下列选项中，哪个选项最明确地显示了上述推理的荒谬：

A. 所有的山里人都说谎，小丽是大山中的人，所以，小丽说谎。

B. 只要能走路的动物都长腿，椅子有腿，所以，椅子是会走路的动物。

C. 小强爱小红，小红爱吃菠菜，所以，小强爱吃菠菜。

D. 所有的金子都闪光，所以，有些闪光的东西是金子。

127. 对鸟飞行的科研

一般情况下，有很多人会认为，既然人工智能是一门新兴学科并且是以模拟人的思维为目标，那么，就可以探索人类思维的生理机制与心理机制。其实，这是一种误导新兴学科的看法。假如说飞机现世的最早灵感是根据鸟的飞行原理，那么，现代飞机的发明与改进，没有一项是基于对鸟的研究之上。

在以上的陈述中，把人工智能的研究很可能比作以下哪一项？

A. 针对鸟飞行原理的深入研究。

B. 针对鸟飞行的设计制造。

C. 针对鸟飞行的模拟。

D. 针对飞机的设计制造。

128. 这块金条怎样分

有这样一位忙人雇一人为他做 7 天工，忙人付给他的工钱是连接在一起的 7 块金条（每天 1 块），但是，雇工每天都要拿到自己所应有的金条（不能多也不能少），忙人只能掰断 2 次连在一起的金条，请问如何去分这块金条给雇工？

129. 找公寓

有一天，一家三口从农村来到城市里打拼，因为他们第一天来到这座城市，所以首选要解决住房的问题，事情并非他们想像的那么简单，他们找了一天也没有找到一所公寓，所以，他们有了露宿街头的打算，当一家三口正在走着的时候，突然对面有一座公寓，孩子的父亲就过去敲门，这时，房东出来了，父亲说，还可以租房吗？房东打量了他们一下，便和蔼地说，对不起，我们不租带孩子的家庭，这时，父母无奈地回头就走，可 5 岁的孩子并没有动，可爱的他思索着房东的话语，他心里想，"我一定要让爸爸妈妈住进去。"于是他用稚嫩的小手再一次敲门，房东又出来了，孩子对房东说了一些话，之后，房东开怀大笑，就让他们三口住了进去。

请问这个孩子说了一句什么话，能让房东打破常规？

130. 开关与灯泡

屋外的三个开关各自对应着屋内的三个灯泡，线路很好，要求在屋外控制开关的时候不能看到屋内哪个灯泡在亮，并且只允许进门一次，那么，如何确定开关和灯泡的对应关系？

131. 喝汽水

拿 1 元钱你就能买到一瓶汽水，然而两个空瓶可以换一瓶汽水，请问：假如你有 20 元钱，最多可以买到多少瓶汽水？

132. 荞麦和高粱

张姐去集市，要买 5 斤荞麦和替王婶买 5 斤高粱，张姐先替王婶买了 5 斤高粱，但由于只带了一个大于 15 斤的布袋，所以她将高粱放在了布袋里，然后扎紧，又将荞麦装在了上边。她准备回家以后找到多余的麻袋，然后给王婶送过去，可是就在张姐回家的路上，正好遇到了拿着相同布袋的王婶。她们在没有任何其他容器的情况下，却把各自的粮食都装到了自己的布袋里，你知道是怎么回事吗？

133. 红帽子游戏

一群在做游戏，每人头上都戴着一顶帽子。帽子只有红色蓝色，红色的至少有一顶。游戏的规则：

（1）每个人不能看到自己帽子的颜色，但是都能看到其他的人。

（2）当大家看清别人头上戴的是什么帽子后，关灯。如果认为自己戴的是红帽子，就打自己一个耳光。

结果：

第一次，没有行动。再开灯，关灯后仍然没有声音。第三次关灯，多声打耳光的声音响起。

问有多少人戴着红帽子？

134. 探险队员

有一名考察队员，从某一个地点开始出发，先向南走了500m，然后向东走了500m，然后又向北走了500m，这时他发现自己又回到了原点。请问这是为什么？

135. 猜猜他们

李家有三个孩子，分别是 A、B、C。其中 A 是色盲；B 患过小儿麻痹；C 有口吃的毛病。虽然他们身上都有缺陷，但是学习是非常刻苦的，他们长大后都有自己的一来番作为，三人中一个人当了画家，一个当了翻译，一个当了篮球队员。他们各自有自己的家庭之后，还是相处得非常和睦。当画家外出工作的时候，就把自己的孩子放在孩子的姑妈家，与姑妈家的孩子一起玩，每当电视上转播篮球比赛，两个孩子高兴地指着屏幕大叫，一个孩子说："那是舅舅。"另一个孩子却说："那是伯伯。"

请问 A、B、C 三个人的性别与职业是什么？

136. 转圆环

有两个一大一小的环状物，半径分别是 4 和 5，小环在大环内部绕大环的圆周转一周，问小环在大环的内部转了几周？如果小环在大环的外部，小环又转了多少周？

137. 掷骰子

在三个骰子中，黄色的骰子上 2、4、9 点分别有两面；红色的骰子上 3、5、7 点分别有两面；还有在绿色的骰子中 1、6、8 点分别有两面。这时，两个学生玩掷骰子的游戏，游戏规则是：两名学生先各选比较高的骰子，然后同时掷，结果谁的点数大谁就取得胜利。

在下列说法中，哪一项是正确的？

A. 第一个选骰的学生获胜的概率比第二个选骰子的学生高。

B. 选黄色骰子的学生获胜的概率要比选红色骰子的学生高。

C. 无论哪种骰子的颜色与获胜概率的高低不相干。

D. 无论哪一种骰子的获胜概率都不能同时抵过其他两个。

138. 野鸭子的争论

小阳和小冰是一对孪生兄弟，在他们上学不久的时候。一次，爸爸带他们去清灵水库游玩，那里有很多野鸭子。小阳说："野鸭子吃小鱼。"小冰说："野鸭子吃小虾。"哥俩就这样争论不休，非得让爸爸给评评理。爸爸知道他们俩说得都很对，但没有直接回答他们的问题，而是用一个比喻性的例子来说明此道理。说完后，哥俩都服气了。

下列哪一项最有可能是爸爸讲给小阳、小冰的话？

A. 一个人所拥有的爱好可能会随时间的变化而变化。爸爸小时候很爱吃零食，那时候，你奶奶也管不住我，可现在你让爸爸吃爸爸都不吃。

B. 无论什么事情都有它的两面性。咱们家养了猫，耗子就没了。但是，如果猫身上长了跳蚤也是很讨厌的。

C. 小动物有时也通人性。如果主人喂它食物可能吃的很香，若是陌生人喂，怎么也不吃。

D. 你们哥俩的爱好很相似，只是对饮料的兴趣不同。一个喜欢绿茶，一个喜欢果汁。如果你妈妈不在乎，绿茶、果汁都行。

139. 如何轮到他

体育器材室里有100个篮球，小刚和小强轮着拿，体育老师规定：每人每次最多不超过5个，小刚先拿，那么请问小刚如何拿能确保最后一个是他的？

140. 如何预言

在预言家上刑场的时候，国王对他说："你不是很会预言吗？你怎么就不能预言到我今天会处死你呢？我现在给你一次机会，你预言一下我今天将怎样处死你。如果你说对了，我会让你服毒死；否则，我就绞死你。"

非常聪明的预言家就是不一样，他的回答使得国王无论怎样也无法将他处死。

请问，他是怎样回答国王的？

141. 如何解决燃绳问题

小刚烧一些不均匀的绳子，一根绳烧完总共需要 *1* 个小时。现在有若干条材质相同的绳子，请问小刚怎样用一个小时十五分钟的时间来烧完这些绳子？

142. 巨款仍在宅内

已到暮年的北极探险家托马斯，过着独居生活。一天，他被暗杀在密室中，放在密室壁内保险柜里的 *40* 万美金被盗走了。根据这里特有的防范措施，警方认定罪犯并没有将这笔巨款带出住宅，而是藏进宅内某处，等日后伺机取走，于是当局公告拍卖托马斯的私人财产，警长里根和刑事专家唐纳来到了探险家的庄园。

博物厅里，拥挤的顾客正在注视着死者一生中五次去北极探险获得的纪念品——两只北极熊标本，一只企鹅标本，三条大鱼标本以及爱斯基摩人的各种服装、器皿和武器。

警长预计罪犯会来，因为拍卖时间只有两天，但他担心警署人员不可能周密地注视到每个房间。唐纳说："别着急，罪犯肯定会到这个房间里取某样东西。"

罪犯到这个房间来取什么呢？

143. 奇怪的瓦斯中毒

有一天早上，小说家 B 氏在别墅的车库内暴死。死亡原因是氰酸气中毒。他是在从车库发车时，吸入剧毒的气体致死。

然而，当天早上并没有任何人靠近车库；而且，现场也没找到能够喷出氰酸气的药品或容器。

那么，犯人到底使用什么手段，毒杀 B 氏呢？

调查此怪事件的团侦探注意到一个车胎漏气，立即识破犯人的手法。

144. 四个弹孔

某日夜，走私团伙的女头目在别墅被枪杀了。她是站在面朝院子的窗边时，被突然从窗外射来的子弹击中的。但也许是凶手的枪法不太准，打了四枪，只有一枪命中。窗户的玻璃上留下四个弹孔。其实，B 弹孔是击中女头目的子弹弹痕。

那么，B 弹孔到底是第几发子弹的弹痕呢？

145. 刚要锁门的老人

一个冬日的黄昏，名探哈利正漫步街头，突然听到一声枪响，看见不远处一个老人跌向房门，慢慢地倒了下去。

哈利和街上仅有的另外两个人，先后跑了过去，发现老人背部中

103

弹，已经死去。

哈利看见这两个人都戴着手套，便问他们刚才在做什么。

第一位说："我叫巴克斯，我看见这位老人刚要锁门，枪一响，他应声而倒，我便立即跑来。"

第二位说："我叫科尔，听到枪声不知发生了什么事，看到你俩往这儿跑，我也就跟着赶来。"

钥匙还插在房门上的锁孔里，哈利打开锁，走进房间，打电话报警。

警署人员来了以后，哈利指着一个人说："把他拘留讯问。"

拘留的是谁？为什么？

146. 已不需要名侦探了吗

团侦探有时会应母校 W 大推理研究会之邀，讲授《侦探学》。

今天要讲的是……

歇洛克·福尔摩斯故事之一，有名的短篇《苏亚桥》。

现在只提出其中的技巧加以介绍……

有一位富家太太被枪击中头部，在河上的石桥边死亡。尸体旁并没有留下凶器手枪。因此，警方断定为他杀。

然而，名侦探福尔摩斯发现石桥的扶手边有一个新的小伤痕，从而推断这是单纯的自杀事件。

"这位夫人看起来像他杀，其实是自杀。将枪藏起来就是这个原因。只要尸体现场没找到凶器，就会被认为是他杀。"

"那么，她是如何将枪藏起来的呢？受到枪击的一瞬间就死了，这位夫人不可能自己藏起枪支。"

助手华生感到不解。

"你仔细看看这石桥扶手的伤痕。"

华生看了一下，说道："但是，桥的痕迹并不能代表什么呀？"

"石头被硬物撞击，出现缺角。夫人在手枪上绑了一条长绳子，绳子的另一端系住比枪还重的石头，垂在石桥扶手上。如此一来，自己扣扳机之后松手，枪支自然随石头沉入河里。这个时候，手枪碰到石桥的扶手，因此扶手处有伤痕。"

福尔摩斯回答。

往河里搜查，的确发现系了长绳子的手枪。绳子的另一端，则如福尔摩斯所推理的——系上石头。

以上是《苏亚桥》中的技巧。但在"科学法搜查"起飞的现代，这种伎俩已经不适用。就算是尸体旁没有发现枪支，而且桥的扶手也没有伤痕，还是能证明这位夫人开枪自杀之后将枪支丢弃。

各位知道为什么吗？

最后，团侦探向听讲的学生提出问题。

读者们明白其中的究竟吗？

147. 发亮的银烛台

贝蒂从麻袋里掏出一个闪闪发亮的银烛台向哈莱金夸耀："瞧瞧，这是什么？"

哈莱金接过烛台，看看它的底座，见上面刻有诺思夫人的印记，便问："这不是 1956 年沉的那条船上的东西吗？"

"诺思夫人号是沉了，但实际情况并不像通常认为的那样。"贝蒂说："有 4 个人在船倾覆于风暴之前就带着大量财宝逃掉了。"

"他们把财宝埋在一个洞里，"贝蒂继续说，"可是风暴引起的雪崩堵死了洞口，将 3 个水手活埋在洞中。第四个名叫彭布罗克的水手却侥幸逃脱。彭布罗克一直设法凑集 1 万元买下那个洞所在的荒地。"

"这么说，你把钱给他，那个洞就可以打开，你就可以成为巨富了？这确实诱人。"哈莱金说："问题是，你怎么知道彭布罗克不是一个骗子呢？"

贝蒂又继续说道："今早他带我进洞看过了，这个袋子半埋在土里，我把它拽出来时，还差点扭了我的手腕子呢，我看过之后，就拿这个烛台直接来找您了。老兄，您都瞧见了，这可是货真价实的。"

"是的。"哈莱金说："彭布罗克是算计好了要利用那个洞来骗你的钱。"

哈莱金是怎么知道的？

148. 数学教师的头脑

一天早晨，在单身居住的公寓三楼 301 室，好玩麻将的年轻数学教师被杀。是被啤酒瓶子击中头部致死的。

在其房内有一张麻将桌，丢着很多麻将牌，死者死时手里还攥着一张牌。大概是在断气前，想留下凶手的线索而抓住一张牌的。

被害人昨晚同朋友玩麻将，一直玩到夜里 11 点左右。这就是说凶手是在人都走了后下手的。

经过调查，找到四名嫌疑犯。这四人都同被害人住在三楼。

那么，凶手是谁呢？

149. 如何得知犯罪时间

在运动中心的公园，被杀的田径教练身上穿着慢跑服装。

他是头部受重击而死。

发现尸体的是当天早上和团侦探一起慢跑的年轻医生。

医师检查尸体后说道："尸体尚有体温，显示死者被杀不久。"

团侦探立即断定："他是在 *21* 分 *36* 秒前被杀。"

"咦？再怎么有名的侦探，也没有办法推论出如何准备的时间吧！难道你在犯罪现场目击了？"

医师非常吃惊。

团侦探为什么能连案发时为几秒都正确说出呢？

150. 小偷与新娘

明代安吉州有个富户，很讲迷信，给儿子办喜事，新房里三天不熄灯烛。到第三天，突然有个人从新房的床底下爬出来，窜出门去，刚跑到院子里就被抓住送到官府。

在公堂上，这人说自己是个医生，新娘有妇科病，平日都是自己给她治疗，她出嫁以前央求自己跟到婆家去以便时常换药。今天换药时发现病情变化，带来的药不顶用了，忙朝外跑，想去置办些新药。县官当然不信，可问起新娘家中的情况时，此人一一对答如流，毫无差错。县官派人去问新娘，新娘则说根本没有此事。

第二天，两个轿夫把一顶花轿抬上公堂，轿里坐着新娘子。县官叫来那人，叫他和新娘对证，只见他走到轿门口，朝新娘瞅了一眼，气愤地喊道："你再三要求我跟随你治病，为什么翻脸不认人？"县官哈哈大笑，接着一声断喝："把这撒谎的贼抓起来。"

原来此人是个小偷，趁贺客盈门之际钻进新房藏到床底下，打算趁天黑以后偷东西，可是灯火通明不能下手，第三天饿得受不了才往外跑。至于新娘家的情况，是他两夜在床底下听新婚夫妇的私房话听到的。

县官是怎样识破小偷的真面目呢？

151. 哪个是犯人

某星期日，小学六年级的小学生太郎出来散步时，两个男人并肩从身前走过。仔细一看，那两人用手铐各自铐上一只手。看上去似乎是便衣警察抓到了犯人，正带往附近的派出所。

"哪个是便衣警察，哪个是犯人呢？"太郎歪头沉思着。

那么你知道吗？

152. 冲破警戒线

女怪盗梅琦持有赛车执照，所以要逃离警车跟踪，实在是轻而易举。

但是，今天夜晚却不是那么好逃脱了。

因为这里是单线铁轨的乡下，即使想摆脱警方跟踪，路旁却很少有岔道。而且，窃听警方的无线电，得知所有道路都布下警网。如此一来，赛车技术便无法发挥。就这样被包围在封锁网中，无异袋中之鼠。

当行经无人看管的平行交道时，正好栅栏放下。

梅琦停下赛车，焦急地等待最后一班列车通过。

突然，她的脑海中浮现一个念头，终于摆脱了警车的跟踪，并且避开警戒岗哨，顺利逃逸成功。

她到底是怎么逃走的？

153. 故障的手表

女怪盗梅琦从芝加哥美术馆窃取了世界名画之后，便驱车上高速公路奔驰，往东向纽约逃逸。

进入纽约州，在路边餐厅用餐时，真不巧，遇上了团侦探。

"哇！真难得在这里遇见你。开车旅行吗？"团侦探靠近桌边说话。

"是啊，对不起………我还得赶路，容我先行失陪了。"梅琦看着手表，慌张地想离席。

团侦探拉着她的手说道："顺利完成一件事之后，何必这么急呢？"

"什么事？"

梅琦意识到车内藏的梵高名画，但仍假装不在乎地问道。

"刚刚电视播报，昨晚芝加哥美术馆发生名画被窃事件。那不正是你的工作吗？我不是刑警，你可以老实地回答我。"

团侦探盯着梅琦的脸说道。

"你真爱说笑，这星期我一直呆在纽约州，一步也没离开过。"

"别想耍赖了，你到芝加哥的事，从你的手表便可证明。"

团侦探立即识破梅琦的罪行。

理由何在？

154. 穿晚礼服的抢劫犯

一天晚上，一位教犯罪学的女士阿格瑟从学校回家，途中发现一家珠宝店被抢。店员告诉她，抢劫犯是个身穿晚礼服的男子。

阿格瑟一面安排报警，一面侦察现场。她查看了店的四周及那一段街道，发现一辆小车停在那里，一个人扶在方向盘上。她走上去，看见那个人确是穿着夜晚小礼服。阿格瑟叩开车门，那个人从车内探出头来。

"我要调查一桩抢劫案，"她说，"警察马上就到。请你告诉我，你在这里干什么？"

那人回答道："我在等我弟弟，我们将去参加一个婚礼。"

阿格瑟说："一个身着夜晚小礼服的人抢劫了一家商店。"

那人气愤地说："那与我无关。假如我抢劫了珠宝店，难道我这种装束，等你来抓我？"

阿格瑟说："走，到法庭去辩论吧？"

阿格瑟怎么知道那个人就是罪犯？

155. 猫是名侦探

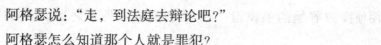

一个寒冷的冬夜，这些天来一直异常干燥，可是，这天夜里一点钟却开始下了一场小雪。小雪夹着雨，下了一个小时左右。这段时间里，在 A 市近郊发生了一场恶性交通肇事逃逸事件：一个醉汉驾着汽车撞了行人后驾车以最高时速逃离现场。

这个司机 30 分钟后返回市内家里，将车停在了院子里的车库内。车库只有一层尼龙板顶棚，地面是水泥。用水管冲洗了湿漉漉的轮胎，也冲去了车子出入的痕迹。幸亏车身没留下明显的伤痕，连车灯也没损坏。被雨淋的车身用干毛巾擦过，又把一个轮胎的气放掉了。

可是，在其逃离现场时目击者记下了他的车牌号码，马上找到了车主。

在晚上 *11* 点，刑警找到了逃跑罪犯的家，检查存放在车库里的汽车，并询问其不在现场的证明。

"正如你所见，我的车子昨天就放炮了，今天一次也没开出去。所以，逃跑的罪犯不是我，目击者也一定是记错了车号。"

罪犯辩白着说。

车前箱盖上不知什么时候留下几处猫爪印儿，是猫带泥的爪印和卧睡的痕迹。

"你府上养猫吗？"

"没有，这是邻居家的猫，或是野猫吧。经常钻进我家院子里来，在车上跳上跳下的淘气。"

"的确……如果那样，所说的这车子昨天就放炮了说法是不能成立的。你能若无其事的说谎，可猫和汽车都是老实的。"

当场刑警就揭穿了他的谎言。

那么，原因是什么呢？

156. 绘画的女子

初夏的一个晚上，因一个案子的调查，私人侦探团五郎访问了电视演员北厚美保子。她住在豪华公寓的最顶层。

"请问昨天下午 *3* 点左右，您在哪儿？"团五郎请她提供不在现场的证明。

"在平台上写生回来，就是这幅画。"

美保子给他看放在画架上的一幅油画。画的是从楼顶上仰视摩天饭店的景观，画得很在行。

"因交通事故住了三个月医院，前天刚出院，所以从昨天起一直在画画，也好解解闷儿，而且连续大晴天，是多好的日光浴呀。"

"怪不得脸黑红黑红的，显得挺健康的样子，我想也是晒的。现在几点啦？不巧我忘了戴表。"团侦探若无其事的问道。

"六点半。"美保子看了看戴在左手腕的手表答道。她的左手指好似白鱼一样白晰细嫩，美极了。粉色修长的指甲也格外漂亮。

她察觉到团侦探敏锐的视线在注意自己的手。

"我的手怎么啦？"她不安地问道。

"不由得被您漂亮的指甲迷住了呵。您是左撇子吧？"

"嗯，是的，那又怎么啦？"

"您晒了两天日光浴，并画画，可左手却一点儿也没晒黑。我觉得有些奇怪。"

"左手因端着颜料板，所以没晒着哇。"

美保子说了一半，突然觉得说走了嘴，慌忙闭了口。那么，这是为什么？

157. 油漆未干

"谢谢您把我捎进城，哈莱金先生。"梅尔搭名探哈莱金的车子进城，请求他在波特家门口停两分钟。梅尔说："我需要用他上星期借去的扳手。"

哈莱金的车子还没停稳，梅尔就跳下车，说了声："请等我一下。"径直向波特的大房子跑去。他穿过草坪，从四级台阶旁跃上门廊，急急地按响了门铃。

没有人来开门。梅尔就走到窗口，一边敲着玻璃，一边喊："波特，波特。"突然，他跳下台阶大叫："哈莱金先生，波特他……他倒在小树丛后面。"

波特的尸体躺在门廊左边的一排木蓉树后面，离红墙4英尺远，一架6英尺高的木梯压在他身上,一罐白油漆倾倒在他的工作鞋上。

"脖子摔断了,"哈莱金说,"大约是在六小时以前。"

这位名探摸了一下离右手不远的油漆刷上的鬃毛,还很粘手。他又走向门廊,摸了一下白木支架、前门以及四级台阶和窗棂,油漆还没干。他心里已经有数了。

哈莱金转身对梅尔说:"波特肯定是刚刚漆完了前廊就被杀害了,而这牵连到你。"

梅尔在哪儿露出了破绽?

158. 聪明的长臂猿

一个男子A饲养了一只长臂猿,预谋杀害其仇人B,并教这只长臂猿掌握杀人技能。

其计划是在其院子里的一间房子里的工作台上固定安装一支猎枪,枪口瞄准门口,驯教这只猿守候在枪后面等待时机,当有人进门时看信号扣动扳机。

当然,训练时不用实弹,而是放空枪。A亲自开门充当靶子。经过每天反复训练,长臂猿已经百分之百地掌握了这一技能。之后,实弹计划马上就可以付诸实施了。

为了得到事后证词,将此事归结为长臂猿的恶作剧造成的突发事件。当A有意邀请邻屋的人们来家里玩时,趁机邀请B,找个适当的借口,让B去房子里去取工具。

B毫不怀疑地冒冒失失地闯进房门,但事与愿违,并没有响起枪声。

当B平安无事地从小房子里走出来时,A想一定是长臂猿偷懒,并要去查看一下情况。

当他打开房门，刚迈进一步，枪就响了。A 中弹身亡。

那么，杀害对象 B 走进房间时，为什么长臂猿不按驯教时的要求去扣动扳机呢？

159. 识破讹诈

亨利气急败坏地来找哈莱金，诉说着一件棘手的事情："我家有个花匠叫马丁，三天前他跑到我的办公室，一边点头哈腰，一边傻笑着公然向我索取 10 万美金，他自称在修剪家父书房外的花园时，拾到一份家父丢弃的遗嘱，上面指定我在新西兰的叔叔为全部财产的唯一继承人。这消息对我来说犹如五雷轰顶。父亲和我在 11 月份的某一天，曾因我未婚妻珍妮的事发生过激烈争吵。父亲反对这门婚事，有可能取消我的继承权。"

"马丁声称他持有第二份遗嘱，这份遗嘱比他所索取的金额更有价值。因为这份遗嘱的签署日期是 11 月 30 日夜 1 点钟，比已生效的遗嘱晚几个小时，所以它将会得到法律的承认。我拒绝了他的敲诈，于是他缠着我讨价还价。先是要 5 万，后来又降到 2.5 万。博士，这该如何处理呢？"

"我说，你应该一毛不拔。"哈莱金说。

哈莱金为什么这样说？

160. 关键是"方块 Q"

有一天早晨，独居的扑克牌占卜师被发现陈尸于住宅。他的背部被刀刺中致死。根据现场状况推测，死亡时间为昨晚 9 点。

他是在占卜时，突然遭到来人攻击。尸体四周凌乱地散布着扑克

114

牌。其中一张牌握在被害人右手中，那是方块"Q"。

"为什么握住这张扑克牌呢？"

艾特警官觉得奇怪。

"也许是想留下一些线索。"

团侦探说道。

"这么说来，犯人和方块有关？"

"扑克牌的方块不正是珠宝中的钻石吗？它代表货币的意思。黑桃代表剑，红心代表圣杯，而梅花代表棍棒。"

团侦探加以说明。

不久，根据搜证的结果，找出三位嫌疑犯。三个人的职业分别为：

职业相扑一级力士；

宠物医院院长；

歌舞伎演员；

"三个人好像都和扑克牌的方块没什么关系啊。"

警官不解地说道。

"虽然和方块无关，但这个人就是凶手。"

团侦探立即指出真凶。

到底谁才是凶手呢？

161. 残忍？鸵鸟残杀事件

在某动物园，鸵鸟惨遭杀死。不仅仅是杀害，而且还剖了腹。

这只鸵鸟是最近刚从非洲进口的，是该动物园最受欢迎的动物。

凶手是深夜悄悄溜进鸵鸟的小屋将其杀死的。尽管如此，何以采取如此残忍的杀法呢？

162. 空中陷阱

飞机起飞 30 分钟后，两名男子冲进后舱配餐室，端着手枪对着空中小姐，要她接通了机长的机内电话。

罪犯中有一个从她手中抢过电话，厉声说："是机长吗？你好好听着，这架飞机被我们劫持了，空中小姐是人质。下面请按我的命令行事。首先让全体乘客都系上安全带。"

"明白，你们的目的是什么？"机长应答着。

"这个以后告诉你，快点儿指示系安全带。"罪犯随即挂断了电话。

马上就出现了系好安全带的信号。客舱中嘈杂声四起，但均按指示开始系安全带。

"你们，也都坐到空着的座位上系好安全带。"罪犯命令着乘务员，又抓起电话与机长通话："现在我要到你那里去，把驾驶舱的门给我打开。不要做什么蠢事，这里我的同伴正把乘客作为人质。"

"知道了，你来吧，我们谈谈。"机长说道。

两名罪犯端着手枪出现在客舱。一边缓步穿过通道，一边确认乘客是否都系上了安全带。其中，一人站在通道中央大声地演讲："诸位，该机被我们劫持了，不打算伤害诸位，到达目的后释放女人和孩子……"但是这种有滋有味的演讲未能进行完。数秒钟后，事态为之一变，事件很快落下了帷幕，两名劫机者丝毫没作抵抗就被制服了。

这是为什么？

163. 钞票的行踪

梅琦化装成蒙面的持枪强盗，进入城里的一家小邮局。此刻正好是午餐时间。梅琦将正在吃便餐的三位职员押入厕所。接着打开金库，取走钞票。

几分钟之后，她卸下蒙面，若无其事地走出邮局大门。

很不幸，艾特警官出现了。

"梅琦，你又来邮局做什么坏事了？看你行动鬼鬼祟祟的，我要逮捕你。"

警官二话不说，往梅琦的手上扣上了手铐。进入邮局一看，职员都被关在厕所里，金库中一捆一捆的现金被搜刮一空。他大惊失色。

梅琦当场被仔细搜身，却没发现她身上有任何一点现金。从厕所中被释放的邮局行员找遍了邮局内、外邮筒，但都没找到钞票的行踪。最后只捡到犯人的蒙面道具及玩具手枪而已。

"局长，这些小包裹是什么？"

艾特警官看见几个小包裹，便询问局长。这些包裹上都贴了邮票，盖了戳记。

"这些是上午收取的包裹。"

"是不是有新的包裹掺杂在里面？"

"没有，一个也没有。这些包裹的数量，和强盗进入之前完全一样。"

局长一一清点后回答。

"你看吧，警官，我根本没有犯案嘛，这么疑神疑鬼的，你也太玄了吧，这可是侵犯人权哟，快把手铐解开。"

梅琦抗议。

"那么，你到邮局来做什么？"

"我是来寄信的。想买邮票却发现一个行员也没有。我以为他们都出去吃午餐了，不料正好遇到警官。你看，这就是我准备寄的信。"

梅琦拿出一封信给警官看。

依然没搜到现金，当然不能逮捕梅琦。没办法，警官只好将梅琦释放。梅琦边吹着口哨边走回家。三天后，她取回偷窃的全部现金。

那么，在邮局被逮捕的时候，梅琦将现金藏在哪里了呢？

164. 自吹的海上遭遇

花花公子肯特在圣诞之夜请他新结识的摩西小姐共进晚餐，他发现对方对自己不大感兴趣，饭后心情沮丧地在街上闲溜，遇见了名探罗克。罗克问他在餐桌上同摩西谈了些什么？肯特说："我向她讲，去年圣诞节前一天的早上，我和海军上尉海尔丁一同赶往海军在北极的气象观测站，突然海尔丁摔倒了，大腿骨折，10 分钟之后，我们脚下的冰层松动了，我们开始向大海飘去。我意识到如不马上生个火，我们都会被冻死，但是火柴用光了。于是我取出一个放大镜，又撕了几张纸片，放在一个铁盒子上，用放大镜将太阳光聚焦后点燃了纸片，放在一个铁盒子上，用放大镜将太阳光聚焦后点燃了纸片，火拯救了我们的生命。幸运的是，24 小时后我们被一艘经过的快艇救了起来。人人都说我临危不惧，采取了自救措施，是个英雄。"

罗克大笑起来："摩西小姐没有对你嗤之以鼻，就够礼貌了。"

肯特讲的海上遭遇什么地方不对头？

165. 分配遗产

在大草原的蒙古包里，一位老汉留下了以下遗言：

"将我的财产的一半分给长子，四分之一分给老二，八分之一留给小儿子。"

可是，这位老汉的全部财产七头骆驼，三个儿子如何分配才好呢？

一时都难住了。

于是，去找来了村长。

"那么，把我家的骆驼借你们一头，再遵照遗言就可以分配了吧。"

村长这么说了，可是，在不杀掉骆驼的情况下，如何才能分配得公平呢？

166. 像钱币的东西

一天晚上，游人在公园内的长椅上发现一具尸体。经警方查明，此人名叫达菲，子弹从他的左太阳穴射入。他的右臂从手指到肘部因上个月的交通事故打了石膏。他左手握着一支口径为 0.32 英寸的手枪，像是自杀的样子。

同警方一起检查现场的名探霍金斯，仔细翻检了死者的裤兜，右裤兜里有一叠 4 张 1 元的钞票和 5 角 5 分硬币；左裤兜里有一条手帕和一个打火机，此外他的左屁股兜内还有一个钱包。

霍金斯对警方人员说："看来，谋杀者犯了个错误。"

谋杀者的错误在哪里？

167. 做了什么手脚

某春天的一个夜晚，在东京市内一所公寓的 807 房间，发现出生于夏威夷的日籍美国歌手梅丽三浦的尸体。她穿着睡衣被刀刺中了腹部倒在卧室里。

向警察报告发现尸体的是她的经纪人。

尸体旁边写着两个拉丁字母，是用血写在地毯上的。这是梅丽三浦在临死前想竭力留下凶手的线索，而用右手指尖沾着自己流出的鲜血，竭尽最后一点气力写下的。她虽然会讲日语，但既不会写汉字，也不会写假名，所以就写了罗马字。

"这一定是凶手名字的大写字头。"

"可是，大写字头应该用大写，而 h 是小写体呀。真奇怪。"来现场勘察的刑警们看着字不解其意。

"我认为梅丽小姐流血过多神志不清，所以下意识地用写惯了的小写体写的。"女经纪人说。

死亡时间推定为昨晚 9 点至 11 点。

据女经纪人讲："被害人有两个恋人。这种三角恋爱已发展到岌岌可危的地步，所以，我想可能是这两人中的某一个同她吵翻了，一时冲动杀了被害人。这两个人是小川久雄和冈田安彦。"

"可奇怪的是，两个人名字的大写字头都不是 O·H。"

"小川久雄的大写字头正确的写法应是 H·O，冈田安彦则是 Y·O。"

正当刑警们左思右想时，主任警部来了。

"已调查过了，小川久雄有不在现场的证明，可以排除了。"

"那么凶手就非冈田安彦莫属了。可同血写的大写字头不一致呀。"

"不是的，他在离开作案现场时，一定对现场做了手脚。"警部果断地识破了凶手的作案手段。

那么，凶手究竟做了什么手脚？

168. 明信片戳破伪装

为了同情妇作"长久夫妻"，山田丧心病狂地伙同情妇杀害了妻子。

有失眠症的妻子每晚吃安眠药才能入睡，所以他在她安眠药的胶囊中放入了氰化物。次日早晨，他工作了一个通宵回家后，见妻子已经死了，便伪装了一下现场后通知了警方。

刑警和法医来到现场，只听山田诉说："下了夜班，早上9点左右回家一看，妻子自杀了，我大吃一惊，上个月妻子流过产，有些神经衰弱，我想可能为此而自杀，这是遗书。"山田将预先准备好的遗书拿给刑警看。这份遗书是情妇临摹死者的笔迹伪造的，达到了乱真的水平。当时笔迹鉴定术还欠周密，很大程度上要靠目测。刑警把在厨房中找到的家事簿和提包中的记事本拿来对照，没发现异状，便准备回去，这时邮差来了，要将一张明信片放入门口的信箱中。山田急忙将它接了过来，要放进衣兜里，但被刑警一眼瞧见了。

"请让我看一下，"刑警接过明信片过了一下目，"正好，这张明信片也让我们作为参考资料保存吧。"

山田眼前一阵发黑，伪造遗书之事彻底露馅了。那么，来信到底是谁？

169. 从列车上消失的金块

女怪盗梅琦搭乘卧铺12号。

要打开个别卧铺的锁，对梅琦而言，当然是轻而易举。

卧铺上，一位珠宝商盖着美国被子，打着呼噜，睡得正熟。眼前有个醒目的皮箱，小型箱内有十公斤重的金条共四条。

梅琦不动声色，静悄悄地取下箱子，转身离开房间。她仍然将门上了锁，然后回到8号车厢自己的卧铺。

这班特快列车在下一站M站停靠时是上午6点。

珠宝商醒来之后，发现物品被窃，这时候是清晨 5 点。仓皇失措之余，他立即找到车长，说了这件事。

车上正好有铁路警察。于是，警察立即和车长着手展开调查。

即使如此，因大多数乘客都在睡觉，此时唤醒大家进行调查，有点强人所难，太不近人情了。

于是，车长以无线电联络 M 站警官，检查在 M 站下车旅客的物品。同时，他们也在列车内一一过滤乘客的物品。

此列车的门是自动控制式，窗户也全部封闭，乘客无法随便开关。犯人要将 40 公斤的金块携出，非得在 M 站下车不可。

车辆到达 M 站，梅琦独自提着一个手提袋下车。当然，手提袋被仔细检查过，里面只有化妆品，因此被放出关口。

在 M 站月台上，团侦探正好遇上此事件，并从守候在月台上的警官口中得知了事件始末。

接着，当列车到站，他发现下车的乘客当中有梅琦的身影。

于是，团侦探取消旅程，追赶已经走出检票口的梅琦。

追到计程车候车处时，"你的技巧真高超啊，快带我去。"

他在梅琦的耳边说道。

梅琦吓了一大跳。

"什么？带你去哪里？"

她佯装不知。

"去取回金块啊，我也和你一起去。不过，你别担心，警方已经向我保证，如果取回被窃的金块，会给我百分之几的报酬。到时候我们平分。"

团侦探笑着说道。

"在这里遇见你，算我倒霉，既然我的手法被你看穿，也只好认了。"

梅琦心里有数，和团侦探一起搭上计程车。

那么，梅琦到底把偷来的*40*公斤金块藏在什么地方带下火车呢？火车内并无共犯。

170. 母死真相

一对母女投宿于一座世界名城的饭店。母亲莎阿迪突感不适，饭店方面为之请医生诊治。之后，母女俩各自在不同的房间休息。女儿弗洛兹饮用茶水后睡去，一醒来已是午夜*12*点。她到母亲的房间去看望，那里竟是一间无人投宿的空房。她问遍饭店方面的每一个人，都说只看见她是独自一人来的。

弗洛兹只好去报警。经过一番调查后，探长把她母亲已经死亡的真相告诉了她，并说："饭店方面的任何人都与她母亲之死无关，但由于某种特殊原因，他们非说谎话不可。"

这是怎么一回事？

171. 斯皮兹狗之死

这是大都市实现了煤气化之后发生的事件。煤气含有一氧化碳，人吸入体内会中毒死亡。

一天，一个独身生活的妇女在某公寓有 6 张席大小的和式房间里服了安眠药睡熟后，因煤气中毒被害致死，是因接连煤气管的橡皮管喷出大量煤气所致。

并且，其爱犬斯皮兹狗也死亡。不知为什么狗脖子上拴着绳索，身旁还残留着一根细香肠。

推测死亡是夜间 *10* 点半左右，那个和式房间无论是门还是窗户都紧闭着。如果煤气开关打开不到 30 分钟，就会充满整个房间，足以使人致死。也就是说罪犯在夜间 10 点左右打开了煤气开关逃走的。

然而，当逮捕了罪犯后，他却提出了从晚上 8 点到第二天早晨，一直在远离作案现场的地方。这是个很确切的不在现场的证明。那么，使用了什么手段使煤气喷出时间推迟了两个小时之久呢？

172. 时髦女怪盗

女怪盗梅琦借了一辆中古敞篷车，在高速公路 8 号线上往南行驶。这是穿越荒野的南北高速公路。

上午云层很厚，但下午天空放晴，盛夏的太阳炽热地照耀。不巧车篷坏了，又没戴帽子，这样一路驾驶下来，不一会儿就可能晒黑了。

正在伤脑筋之余，她突然想出个好方法。傍晚到达目的地时，丝毫没有晒黑。

到底梅琦如何防止日晒呢？

绝对不是擦防晒乳液或搭别辆车。她自始至终驾驶这辆敞篷车。

173. 死者紧握馅饼

青年数学家格洛阿拜访老友鲁柏。他俩的结识是由于爱好数学。

鲁柏住在一幢 4 层的公寓里，房间是 2 楼 9 室。格洛阿来到这里一看，不禁愕然了，房间空荡荡的，什么东西也没有。

看门的女人告诉他："在两星期以前，鲁柏被人刺死在房间里，他父母刚刚寄来的钱也被偷走了。鲁柏是我的同乡，我每次做的馅饼总是要分一点给他。出事的前天晚上，我还给了他一块苹果馅的饼。

可没想到，他只吃了半块饼就死去了。死的时候，两手紧紧握着没有吃完的半块饼。警察对此也感到迷惑不解。一个腹部受了重伤都快要死的人了，为什么紧紧抓住那半块饼呢?"

"有没有犯人的线索?"格洛阿问看门的女人。

"出事前后，我都在值班室里，没见有人进这公寓，可以肯定是这公寓里的人干的。但是这座公寓有60个房间，上百人，复杂得连警察也感到伤脑筋。"女人答道。

格洛阿想了想，就问："3楼有几个房间?"

"每一层都是从1号到15号。"女人回答。

"好，你带我去看看。"

格洛阿跟着看门的女人走上3楼，快到走廊的时候，他在一个房间前面停下来。

"这个房间的主人是谁?"

"是个叫米塞尔的人，爱赌钱，好喝酒，可馅饼却和他没关系。情况特殊，他昨晚已经搬走了。"

"真糟糕，这个家伙就是杀人犯，"格洛阿大声说。

格洛阿为什么这样判断呢?

174. 口红与毒药

水泽信夫因妻子患了一种原因不明的神经功能症而分居了。当然，他很快有了年轻的情妇。她叫美也子，是个颇有魅力的女招待。

一天夜里，两人又在情人旅馆幽会。在床上，美也子娇滴滴地问道：

"喂，你妻子怎么还没同意离婚呢?"

"她说什么也不同意。"

"那，我们什么时候才能结婚呢？"

"你不要着急嘛。"

"你可是跟我打了保票的。"

"听说去年年底你妻子自杀未遂？"美也子好像忽然想起了似地问道。

"喔，她得了神经病，服了安眠药想自杀。"

"当时报告警察了吗？"

"没有。只请了附近的医生私下了结了。"

"有遗书吗？"

"有一封潦潦草草的遗书。至今我还保存着。"

"那不正好吗？"

"你说什么正好？"

"可以再利用一次那份遗书呵。这次就请她真的自杀吧。"她神秘地一笑，逼着信夫下决心。

于是，在一个星期六的深夜，信夫在家里亲自煮了咖啡送到妻子跟前。患失眠症的妻子正一个人看深夜的电视节目。

妻子很高兴，起来香甜地喝了下去。不一会儿，就痛苦地手抓了胸口一阵子便断了气。原来，信夫在咖啡里放了剧毒的农药。

之后，他把妻子的尸体搬进卧室的床上，盖好被子，让她静静躺着，然后把装着喝剩下掺有毒药的咖啡的那个白色杯子放到妻子的枕边儿。接着，他又去梳妆台里取来化妆品，在妻子那憔悴的脸上抹上白粉，再擦上口红。一副漂亮的淡妆。这是因为他想起上次妻子自杀时曾认真地化过妆。

第二天早晨，他又装作刚刚发现妻子自杀的样子，拨110电话叫来急救车。

急救车很快就来了，救护人员查看尸体后，拿起枕边儿的咖啡杯问道："她喝了有毒农药的咖啡。农药是从哪儿搞到的？"

"妻子的娘家是农民。我想是她回娘家时弄到的。"

"有遗书吗?"

"有,在枕头下面。"

信夫把保存下来的遗书拿出来给人看,因是妻子的笔迹,不用担心被怀疑。

救护人员读了遗书似乎明白了,可突然又拿起咖啡杯和死者的脸对比,看了好半天之后说:"死者不是自杀,有可能是他杀。一定要报警。"说着,用怀疑的目光盯着信夫。

那么,一个小小的咖啡杯怎么会露了马脚呢?

175. 恐怖的炸弹

秘密谍报员006号,正躺在床上看杂志,一直觉得耳边有一种刺耳的声音在响,起初还以为听错了,可总觉得有时钟走动的声音。枕头旁的闹表是数字式的,所以不会有声响。会不会是……一种不祥之兆一掠而过,心里立刻不安起来,他马上翻身起来,看看床下。

不出所料,床下被安放了炸弹,是一颗接在闹表上的定时炸弹。一定是白天006号外出不在时,凶手潜入进来放置的。这是一种常见的老式闹表,定时指针正指着4点30分,大概一到这个时间,就会接通表中的干电池,引爆炸弹。现在距爆炸时间,只剩下五分钟了。

闹表和炸弹被用粘合剂固定在地板上,拿不下来。连接表和炸弹的线,也被穿在铝带中用粘合剂牢牢粘在地板上,根本无法用钳子取下切断。而且,闹表的后盖也被封住了,真是个不留丝毫空子的老手呵。就连006号也着急了。这间屋子是公寓的五层,所以决不能一个人逃离了事。如果定时炸弹爆炸,会给居民带来很大的不幸。所以要设法防爆于未然,可眼下报警为时已晚。

踌躇之际，时间在一分一秒地过去。006 号钻进床下爬在地上用指尖轻轻敲动闹表字盘的外壳。外壳是透明的塑料，不是玻璃制的。可并非轻易就取得下来。万一不小心，会接通电流，有引爆炸弹的危险。

怎么办好呢，他思索了片刻，突然计上心来，在炸弹将要爆炸的一分钟前，他设法拆除了定时装置。你知道他用的是什么方法吗？

176. 奇怪的手枪枪击案

一个农民不堪不治之症的折磨想一死了之，但如果自杀，家属则得不到生命保险金。

于是，为让人看出是他杀，农民在全家人都外出期间，在院子里用微型手枪击中头部并巧妙地隐藏了手枪。他认为只要凶器不放在尸体旁边，就可被认定为他杀。

当尸体被发现后，在离尸体 15 米远的羊圈前发现了手枪。可是，如果枪击中头部会立即死亡，那个农民绝不会自己将手枪扔出 15 米远处，更不会摇摇晃晃地走过去扔在那里。

那么，农民究竟使用了什么手段，将手枪隐藏到羊圈前的呢？

不过山羊是一步也没离开羊圈的。

177. 谁偷了珠宝盒

一艘游艇向河的下游驶去。12 点 30 分时旅客斯米特夫人向船长报告说，她的珠宝盒被盗了。她认为盗窃者只可能是服务员或打扫船舱的女清洁工。

据斯米特夫人说，女清洁工曾在 10 点 30 分时到她的船舱里来送咖啡。之后，女清洁工到她的船舱内的小房间去了，并且传来她搬动东西的声音。斯米特夫人叫了她一声，而她没有回答就匆匆忙忙地从船舱出去了。还是这个清洁工，12 点左右又来收拾过床，从 12 点 10 分到 12 点 20 分，她在服务室里洗衣服，别的女清洁工也证实了这一点。只是从 12 点到 12 点 10 分和 12 点 20 分到 12 点 30 分，她在什么地方就不清楚了。

船舱里还来过受害者的女友布朗夫人，她坐下来弹钢琴，但 12 点 05 分服务员打断了她，他请布朗夫人出去一下，以便修理台灯。12 点 10 分斯米特夫人突然回到船舱里，发现服务员在翻她的东西，夫人斥责了他。

12 点 25 分布朗夫人回到船舱，12 点 30 分发现珠宝丢失。

船长决定返航，以便向警察局报案。13 点 30 分游船开始返航。14 点 45 分他从水面上捞起顺水流而下的小木箱，原来那就是斯米特夫人装珠宝的盒子。这一发现暴露了偷窃者。谁是珠宝的偷窃者？

178. 钻戒被盗

珠宝店的店员林慕，带着钻石珠宝盒到神园饭店的 136 套房去。顾客是一名高雅的绅士，看起来很富有。绅士看中了一枚价值 50 万的钻戒，建议林慕把它放在他房里旅客专用的保险箱里，等他妻子回来后定夺，他自己则有事要出去。林慕看他锁好保险箱，和他一同离开了饭店。回店等绅士妻子的电话。直到晚上，林慕都没有接到电话，便去饭店询问。饭店的人员说，绅士根本没带太太。林慕大为不安。所幸钻戒放进去后，这房间还没人进去过。那绅士也一直未归。于是，林慕便请求打开门去查看。保险箱仍然锁得好好的，但开了箱门一看，钻戒却不翼而飞。

钻戒是被用什么办法偷走的呢？

179. 沙漠之水

打算独自一人骑骆驼横跨撒哈拉大沙漠的冒险家，刚走到大沙漠的中间地带，就从骆驼背上摔了下来并昏了过去。骑在骆驼背上摇摇晃晃是绝对不能睡觉的。

当他苏醒过来时，骆驼已经不见了。他被抛在这浩瀚的沙漠之中，连一滴水也没有，衣袋里只有一把匕首。

他到处寻找骆驼的时候，幸运地发现了一条干枯的河。他挖了个坑，坑底渗出了地下水。他用手帕过滤后喝了起来。水只能解渴，但不能充饥，肚子里依然空空如也。就算当晚可以在这里过夜，但以后的日子也成问题。在酷热的沙漠里，没有水和食物，空着手横跨大沙漠意味着白白送死。

"吃的姑且不谈，如果能把坑里的这点积水带上，也会找到绿洲的。可没有装水的容器，又……"他眼巴巴地看着坑里的水，真要绝望了。

然而，就在那天晚上他露宿时，却意外地听到附近的枯草丛里传来了一阵阵沙沙响声。透过月光看去，原来是一只大耳朵狐狸从沙窝里露出头来。这种狐狸身长 40 厘米左右，是犬科动物。在炎热的夏天，它们白天钻进沙窝里，夜里出来活动觅食。

这位冒险家是位飞镖手。他瞄准那只狐狸投出匕首。一刀命中，抓住了狐狸。这种动物是群居生活的。于是他在附近一带又到处寻找，结果一共找到了三只。

这回有吃的了。他剥去它的皮，饱餐了一顿生肉，又把剩下的肉准备晒干备用。他又想出了一个奇妙的主意，备足了饮用水，继续走了四天，最后总算安全走出了大沙漠。

那么，这四天饮用水他是怎样解决的呢？

180. 暗夜侵入者

一天晚上，团侦探有事外出。

这种千载难逢的良机，女怪盗梅琦岂会轻易放过。她悄悄潜入团侦探在公寓大楼五楼的房间。她的目的是在团侦探家的电话上装窃听器。

首先，她将团侦探卧室内的电话拆下来。

由于卧室内没有窗户，即使打开日光灯，也不怕光亮引来窗外的注意；因此，梅琦大大方方，似乎理所当然地把天花板上的荧光灯开了。

在电话上装了小型窃听器之后，突然，门上传来了开锁声，好像是团侦探回来了。她立刻关上日光灯，躲到床铺底下。

她想趁着团侦探到别的房间时，再偷偷逃出去。

但是，突然间，卧室的门打开，团侦探走了进来。

他在按下门边电灯开关前一瞬间，突然间感觉到房间里面的气氛有些不对劲。他伫立于黑暗中喝道："是谁？快滚出来。"

大吼之后，按下电灯开关。

天花板上的电灯亮了。

不怎么宽敞的卧室一片通明，梅琦已经无处躲藏。

"嗨，团侦探，晚安。"

梅琦出声了。

她从床下爬了出来。

"怎么？是你？你来这里干什么？"

团侦探略感吃惊。

"没什么……我在等你回来。有时候在床上交朋友也不错啊？"

梅琦媚声道。

她想以美色诱惑。

但团侦探岂是经不起诱惑的人。

"别胡说，你非法侵入，到底偷了什么？"

他义正严辞地说。

"什么也没偷。对，你怎么一进门就知道我在这里呢？"

梅琦不解地问道。

"那个时钟告诉我的啊，身为女怪盗的你，也有疏忽的时候啊？"

团侦探指着床边的桌子说道。

桌上放着日光灯、电话、时钟。

请问，团侦探怎么一看时钟，就立刻知道有人侵入呢？

181. 伤号不是真凶

一场枪战之后，普莱曼医生的诊所里冲进一个陌生人。他对医生说："我穿过大街时，突然听到枪声，见到一个人在前面跑，两个警察在后面追，我也加入了追捕行列，就在你的诊所后的这条死巷里，遭到那个家伙的伏击，两名警察被打死，我也受了伤。"医生从他的背部取出一粒弹头，把自己的一件干净衬衫借给他换上，然后又把他的右臂用绷带吊在胸前。

这时，警长和地方殡仪员跑了进来，殡仪员喊："就是他。"警长拔枪对准了陌生人，陌生人忙说："我是帮你们追捕逃犯受的伤。"殡仪员说："你背部中弹说明你是在跑。"

在一旁目睹这一切的刑事专家霍金斯对警长说："这个伤号不是真凶。"

那么，谁是真凶？

182. 四个不同的证词

有一夜，团侦探自家附近的公寓发生了枪杀事件。住在那栋公寓的四个人分别听见枪声后醒来，各自看自己的时钟。

四个人分别向赶至现场的团侦探做了以下的回答——

"我是在 12 点 8 分听见枪声。"

"不，是 11 点 40 分。"

"我是在 12 点 15 分听见的。"

"我的时钟是 11 点 55 分。"

每个人说出的时刻不同，因为他们的时钟都乱掉了。有一个慢了 25 分钟，另一个快了 10 分钟，第三个快了 3 分钟，还有一个慢了 12 分钟。

正确犯案的时间究竟是几时几分？

183. 赖不掉的稿酬

法国著名的小说家大仲马，应瓦利耶剧院之约，为该院写了一个剧本，交付排练演出，以改变上座率每况愈下的局面。条件是：在演出头 26 场使剧院获利 6 万法郎的前提下，剧院付给他 1 万法郎的稿酬。

演出开始，场场爆满。当第 26 场上演时，大仲马来到经理办公室准备领取稿酬。不料剧院经理却表示遗憾，说这 26 场一共收入了

59997 法郎。大仲马望了望毫无诚意的经理，转身走到售票间以一个很普通的举动，使经理如约付了稿酬。

你知道这是什么举动吗？

184. 消失在海里的梅琦

这里是日本观光客聚集的夏威夷海水浴场。

椰子树下，团侦探悠闲地看着书。

突然，眼前走来一位标致的美女，穿着红色泳衣，戴着红色泳帽。看起来似曾相识。对了，这不是女怪盗梅琦吗，第一次见她穿这么大胆的泳装，差点认不出来。好漂亮的身材哦。

她好像也注意到团侦探的视线，不知为什么，急忙转身小跑步向前，潜入海中。

这里是观光胜地，团侦探有种直觉，她不知又来做什么坏事了。于是团侦探从后追赶。但正好没穿泳裤，没办法跃入海中。

没办法，只好守在海边。这是广大的太平洋，不可能就这么游游逃逸，游累了，一定会上岸。由于周围的泳客没有一个人穿戴红色泳衣、泳帽，因此，目标很明显，应该不会混在人群中逃走。

然而，就在梅琦浮沉当中，突然消失了踪影。团侦探四处张望，并没有发现红色泳衣装扮的女性。

事实上，梅琦混在泳客当中，悄悄上岸了。

梅琦如何骗过团侦探的耳目呢？

185. 找回被盗的牛

一家农户被盗走 2 头小牛。然而，却成了一桩难案，直到年底后

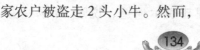

才抓到罪犯。

罪犯也养了 6 头牛，其中 2 头也长成了大牛，从外观上是识别不出的。

6 头牛全是黑色的，也没打上编号的烙印。

可是，丢牛的农夫却从中认出了自家的 2 头牛。

那么，认出了牛的什么特征呢？

186. 领带夹与破案无关

富翁霍金斯被勒死后抛入河中，尸体打捞上来。经检验，看出罪犯开始想用被害人的领结将他勒死，没成功，后来改用了一段麻绳达到目的。晚报刊出这条消息后，有一个年轻人来到警署，拿出一个领带夹，背面刻着"给 L. H. ，C. B. 赠。"他说："我拾到这个。L. H. 是洛克·霍金斯的缩写，C. B. 是他的旧情人吉娜·贝蒂的缩写。你们如果知道他丢失这个领带夹的地方，肯定会有利于破案。当然，得付给我报酬。"

巡警生气地说："让你滚就是付给你的报酬。"

巡警怎样发现了年轻人的谎言？

187. 失踪的女子

一位中年男子与年轻女子租了一栋村庄外的小木屋居住。不知道从什么时候开始，就不见那女子的踪迹，只剩男子独居。但那个女子并没有离开这个村落的迹象。

驻地警察觉得奇怪，便询问中年男子。得到的答案是："在这里生活非常无聊，她出外旅行去了，不久就会回来。"中年男子若无其事地回答。

但警察对这样的回答难以理解。他怀疑很可能那位年轻女子已经被这个中年男子谋杀了。

往后两个星期，持续对此男子进行监视后，干警搜查其屋宅，但没有发现女子的尸体。而且，并没有迹象显示，那位失踪的女子被埋在院子里。

因此，搜查一点结果也没有。

这时，团侦探登场了。

事实上，他是应对方不明的女子家人的请求，前来调查的。

他详细听了村内警察监视、搜查的结果。

①中年男子极少外出，外出时便有人跟踪，不可能将尸体丢掉。

②这两星期以来，中年男子将庭院内的树木砍倒，锯成薪柴，但没有当成燃料使用的样子。

③中年男子是素食者，只买蔬菜、冰块及盐。

④但是，厨房内却有烤肉沾酱两瓶。

根据以上的资料，团侦探立刻识破事件的恐怖真相。

各位，对于那位年轻女子消失之谜，你如何推理？

188. 凶器就在眼前

一个春天的下午，在 F 伯爵府邸的二楼客厅里，潜入的凶手趁小姐正在午睡之际，用锐器刺进她的咽喉，行凶后正准备逃离。恰好管家进来，当场抓获了凶手。经警方仔细搜查，从凶手身上到整个宅邸都没有找到凶器。有人怀疑凶手将凶器扔到了窗外的花园里，于是又在房子四周搜查，但管花园的花匠证实房子的所有的窗户未曾打开过。那么凶手到底是用什么凶器杀死了小姐？凶器又藏在哪里呢？

这时一名侦探的目光转移到墙壁上的大挂钟，他若有所悟地对搜查者说："凶器就在你们眼前。"

这位侦探有什么惊人的发现？

189. 戳穿谎言

当刑警追问到某杀人案的嫌疑犯 3 月 2 日不在现场的证明时，

"如果是那天，我正在富山县主山连峰上 A 高地滑雪呢。请看这张照片，是在山上的小屋请一起去的大学生用我的相机给我拍照下来的。"

他边回答边拿出一张彩色照片递给刑警看。

"身后那只褐色的鸟是什么鸟？"

"是雷鸟，正按快门时偶然闯进镜头的。"

"那么，这是去年春末夏初拍照的哪。如果是主山的话，即使是初夏也有未溶化的雪溪，还是可以滑雪的。"

刑警直截了当地戳穿了他的谎言。

那么，证据何在？

190. 密码是……

女怪盗梅琦的手下沙普潜入亿万富翁的家，找到藏在地下室的秘密金库。梅琦事先已教会如何找出密码。

"金库门内侧的转船转动之后，当内侧数字与外侧数字合计均相同时，金库门便可以开启了。"

但沙普心算不好，费了好大工夫，还是没办法打开金库。

请问，外侧 5 的位置，应该和内侧的哪一个数字配才对？

五秒钟以内回答。

191. 小窥视窗

一个星期天的中午，高中女教师丹尼被发现死在公寓中自己的房间里，发现者是丹尼的同事戈登。他从门外看到里面开着灯，可是不论怎么按门铃，屋里也没有反应。房门安装的是自动撞锁，一旦关上门，如果没有钥匙便休想从外边打开。戈登感到情况不妙，急忙叫来公寓管理人员用备用钥匙打开房门，进屋一看，丹尼穿着睡衣倒在血泊之中，胸口被人扎了几刀，已经死了。据推断，死亡时间大约是前一天晚9点左右。

调查结果表明，在那段时间里，有两个人来找过丹尼，一个是她的恋人，另一个是一个劣迹学生的哥哥，镇上的一个地痞无赖。两名嫌疑犯的供述相同：来访时按了门铃，但屋内没有反应，以为不在家就走了。听了上述供词，戈登想起死者房门上有一个装着单向可窥玻璃的小窥视窗。他略一思索，立刻就知道了两人中哪一个是真正的罪犯。

那么，你知道戈登是怎样推断的吗？

192. 调皮的男孩是谁

中学一年级学生 A 君，某星期日骑着一辆新买的自行车，去公园游览。突然，他觉得肚子不好受，便跑进厕所。可几分钟后出来一看，停在那儿的自行车不见了，不禁吃了一惊。

因车子前轮锁上了链锁，如没有另配的钥匙开锁，只有切断锁链，否则决不可能将车骑走。

实际上，是在附近玩耍的一个男孩，在开玩笑，擅自骑车在公园转了一圈。

那么，究竟哪个男孩？用什么手段，前轮不转就将车骑走了呢？

193. 手枪在哪儿

日本某公司的经理，由于生意上失败，家财几乎全部丧失。如果要说现有的财产，只有在保险公司投入了 1 亿元的生命保险了。他至少要为妻子留下这份保险金养老，于是想到了死，但如果是自杀就得不到这份保险金。他异想天开，找到一位职业杀手，要求杀手把他杀掉。杀手不想用自己的手杀这个破落的男人，便教给他自杀的技巧，让他结束自己的生命，而让人看起来是他杀。

几天后，经理死在游船的一等舱里，子弹直穿头部当即死亡。一等舱是单间，门上着锁。客舱的小窗户开着，窗外是侧舷的甲板。从甲板的栏杆向下俯视，约五六米之下就是海。他不可能躺在床上开了枪，再打开窗户将枪扔到海里去，因而警察判断肯定是凶手将他枪杀后出了客舱，将门锁上逃走的。

职业杀手教了什么技巧，将手枪藏到哪儿去了？

194. 如何让足迹消失

在一个卜雨天的早晨，团侦探与艾特警官在公园散步，发现门球场正中央有一位年轻女子倒卧在地，两人都大吃一惊。

这女子背部被刺了两刀而死。

一把沾有血迹的刀子落在尸体旁。

然而，经过昨夜的一场大雨冲刷，沉尸现场的地面上只留下被害女子高跟鞋的痕迹，其他足印一个也没有。

"真奇怪？现场没有犯人的足迹。难道……凶手一定是在下雨之前，或下雨当中行凶，然后逃逸。"

警官如此说道。

"不，如果真是这样的话，应该连被害人的高跟鞋痕迹也一起消失呀，但尸体旁边仅血迹斑斑，而且连沾在刀子上的血也没有被雨水冲掉。我认为，凶手是在雨停之后刺杀被害人的。"

团侦探这么判断。

"依你所言，为什么犯人的足迹没有留下来，即使能离开球场，难道是用手或扫帚将足迹清除之后再逃逸吗？"

警官再次问道。

"真是这样的话，也会留下消除的痕迹呀，但现场地面上就像被雨冲洗过一般，了无痕迹。高跟鞋痕迹那么小，犯人更不可能踩在其上逃逸。"

团侦探为求慎重起见，将被害人脚上的高跟鞋脱下，与地面的痕迹对比。高跟鞋的痕迹与地面的痕迹一模一样。

是被害人走过来的足迹。

"这么说，犯人是没有脚的幽灵？"

"警官，不要做这种怪诞式的推理。"

"可是，除此之外，根本想不出其他理由啊，难道犯人长了翅膀，从空中飞过来刺杀了被害人？"

警官百思不解。

此宗怪事件，连名侦探团五郎也有点伤脑筋。

片刻间，他绞尽脑汁，左思右想。突然，在他眼观四方时，察觉到在围有铁丝网的出入口处，有置物柜及洗手用的水龙头。

"我知道了，犯人用很简单的技巧，消除了自己的足迹之后逃逸。"

就这样，谜题立即解开。

到底其中有何窍门呢？

195. 不领预付金的刺客

星期天，公司总经理山田正在公园的林荫道上散步。忽然，一个年轻漂亮的女子与他打招呼。山田问道："小姐，您是哪一位？"

那女子冷冷地说："我是一个刺客。"

山田脸色一下变得煞白，紧张地脱口而出："啊，你是那小子派来的吗？"并苦求饶命。那女子说："请别误会，我不会杀您的，我是来帮助您的，刚才您说的那个小子，是不是 H 公司的经理？"

"是，是，在商业上，他是我最大的敌人，我巴不得他早点死掉。"山田说道。

那女子用商量的口气说道："这件事就交给我办吧，请您放心，我要让他无声无息地死掉，让他病死。至于采取什么办法，您最好别问了。而且，干掉他后再给钱，不要预付金，怎么样？"

"好，事成之后，重金酬谢。"山田连忙答道。

3 个月后，山田听说：H 公司的经理因心脏病突发，治疗无效去世了。随后，在一个星期天的早晨，还是在那条林荫道上，山田再次碰到那位女子，他如数付给了酬金。

那女子用什么办法使 H 公司经理病死，从而得到一笔数量可观的酬金呢？

196. 奇怪的血型

某日晚，一个年轻的女子被车撞了。开车人装作送她去医院，将其抬上车，然后逃走。由于被害人已经死亡，所以毫无疑问尸体在途中什么地方被扔掉了。

因是性质恶劣的肇事逃跑事件，警方立案侦查，经检验，流落在现场的被害人血型是 O 型和 A 型。

这么说，被撞的被害人有两个人吗？但根据目击者的证言，被害人是一人。而且，肇事司机没擦伤一根毫毛，所以绝非是他的血混到里面了。

那，被害人的血型到底是什么呢？

197. 玫瑰花凋谢了

威尔逊酷爱玫瑰，10 年来，每个星期五晚上都要到地铁车站卖花的小贩处买 13 朵粉红色的玫瑰，从未间断过。可是，这个星期五他没去买花，小贩担心出事，打电话报告了警署。

警察来到威尔逊租用的房间外，这房间只有一扇窗和一扇门，而且都在里面锁上了。警察小心翼翼地弄开门进入室内，只见威尔逊倒在床上，中弹死去。初步看来，他像是先锁上了门窗，然后坐在床上向自己开了枪，手枪掉在了地毯上，开门的钥匙在他的背心口袋里。

警长苏曼向名探柯南谈了现场所见。柯南问："他上星期买的玫瑰花怎么样了？"

警长说："花瓶放在窗台上，花都枯萎凋谢了。据验尸认定，威尔逊死去已有5天了。"

柯南问："在地板、窗台或者地毯上有没有发现血迹？"

警长说："没有，只有一点灰尘，没有别的东西。只在床上有血迹。我看是有人配了一把威尔逊房间的钥匙，开门进去，打死了正站在窗边的威尔逊，然后打扫清洗了所有的血迹，再把尸身挪到床上，使人看上去像自杀。"

柯南为什么这样推断？

198. 纸屑显示罪行

集邮专家F先生住在高级大厦9楼908号室。当F夫妻外出时，女怪盗梅琦入其住宅，从寝室金库中偷走了六张世界级的珍贵邮票。

离开屋子时，他又将大门上锁。

但是，很不幸，正好电梯停在九楼，F夫妻回来了。而且，更糟糕的是，团侦探也一起出现。他是应F夫妻之邀而来，正好在电梯中碰见。

团侦探以怀疑的口吻问道："你来这里做什么？想必是来偷邮票的吧。"

说完，不分青红皂白就抓起梅琦的手腕，进入908号室。

F先生立即打开金库检查，发现少了六张价值连城的珍贵邮票。

"快将邮票交出来，只要你交出邮票，F先生会网开一面，不再追究。"

团侦探企图说服梅琦。

"我什么也没偷。没错，我是潜入屋内。但晚了一步，已经有人偷走邮票了。如果你不相信，我让你搜身。"

由于梅琦一副毫不知情的样子，团侦探便请F夫人带梅琦到其他房间彻底搜身。

结果，只发现梅琦衣服口袋里有小纸屑，并没有发现任何邮票。

团侦探及 F 先生仔细搜查整间屋子，甚至连窗外及下面的中庭也找过，都不见邮票的踪影。

再怎么说都是价值高昂的邮票，必定不会随便往窗外扔。

正当团侦探遍寻不着时，突然注意到从梅琦的口袋中找出来的纸屑。仔细检查之后，他呵呵笑了起来。

"哈——哈——哈——原来如此，走，到你的贼窝去拿邮票吧。"

团侦探识破了梅琦巧妙的手法。

到底是什么手法呢？

199. 消失的凶器

一个星期一的中午，"绿庄"公寓的管理人正在打扫院子，突然从二楼的 8 号房间传来女人歇斯底里的喊叫声。

"你还有完没完。"

管理人抬头望了望二楼 8 号房间的窗户苦笑了一下。

因为窗户关着，吵架的声音听不大清楚，但无非就是妇女间司空见惯的吵架。

8 号房间里住着一对年轻夫妇，他们三天两头地吵架。吵架的原因一定是为打麻将的事。男的几乎每天晚上不归家而在外打牌。今天早上，管理人亲眼看到男的打了一通宵麻将后悄悄地回来。

对这种连狗都不去理睬的夫妇吵架，傻瓜才会劝架，所以管理人听了也不在意。可是争吵声越来越厉害。

"畜生，我杀了你。杀了你我也跟你一道去死。"

女的突然象发疯似地号叫起来。管理人隔着窗户玻璃看到她挥起一根像是棍棒的东西朝男的打去。

144

"救、救命，哎哟……"

管理人听到男的痛苦的呻吟声。

管理人觉得这次吵架非同寻常，既然看见了就不能装作没看见，便登上台阶，赶到8号房间门前。然而屋里鸦雀无声，刚才激烈的争吵好象是没有发生过一样。

"怎么搞的？没出事吧？"管理人敲着门问道。

"讨厌，碍你什么事。"女的斥骂着，从里面哐的一声将门锁上。

这下连老实巴交的管理人也恼怒了，并一气之下向110报了警。

不大工夫，巡逻车赶来，警官敲了敲8号房间的门，女的磨磨蹭蹭地将门打开。

进屋一看，在六个榻榻咪大小的狭小的屋子当中，年轻的男主人穿着睡衣俯卧着，已经死了。看来好像是什么棍棒类的钝器有力地击中了头部，死因系脑内出血。然而，在死者身旁却未发现凶器。

"究竟是用什么打的？"警官向呆立在一旁的女主人询问道。然而她惊慌失措得连嘴都张不开了，只是虚脱了似地摆着头。

不久，搜查的刑警赶来，在屋子里面到处搜查，但别说凶器，就连一个能代替凶器的瓶子也没发现。他们只看见在狭窄的厨房里的煤气炉上放着一条30厘米左右长的大青花鱼，烤得湿漉漉的，大概是准备做午饭的菜肴吧。电冰箱中也几乎是空的。

不可思议的是，据管理人和住二楼的其他人的证词，女的一步也没离开过自己的房间，而且也没有开窗将凶器扔到外面的迹象。

到底她用的是什么东西将丈夫杀死的，并将凶器藏到什么地方去了呢？

200. 狗咬死主人

星期一中午，会计师沈某在同别人通电话时，被他的狗咬死，最近沈某外出旅行一个月，不能亲自养狗，所以委托好友施某代劳。

警官检查了现场，听了施某的报告：他在星期一的早晨，把狗带回沈的家中，沈被狗咬死时，施正在研究所试验室里，研究所离沈家有5公里之遥，纵使沈不在家的一个月中，施刻意将狗训练成会咬人的狗，也不可能从5公里之遥的地方，发号施令指挥它咬死沈某。

警长干净利落地肯定了真正的凶手就是施，是他设下圈套，让狗咬死了沈某。

警长是怎样判断的？

201. 人造向日葵

神偷思乐偷了一枚价值连城的钻戒，因为他要避避风头，所以决定到国外去旅游一阵子才回来。临走之前，一定要把钻戒收藏好，藏在外面容易被人发觉，或引起怀疑，想想还是放在自己的房屋内为好。经过一番挑选，他决定把它埋在阳台一排向日葵盆中的泥土里。

阳台中有四盆向日葵，其中一盆是人造花，他就把钻石藏进人造向日葵花盆泥土中。请观察这四盆花1、2、3、4，哪一盆是人造的向日葵花？

202. 轮船凶案

一天早上，在海上航行的一艘轮船上，某电脑公司的老板被人用刀刺死在客舱里。经调查分析，嫌疑犯是与他同行的两人：一人是他的秘书，昨晚他因盗用公款之事被发现，老板将他开除了。另一人是他的外甥，他是老板遗产的唯一继承人，近来因赌博负债累累。你认为凶手是谁呢？

203. 机智的情报员

由夏威夷飞往纽约的班机起飞后，机场接获恐吓电话。

"刚才起飞的那班客机，机上有位情报员是我们要消灭的对象，所以在飞机内安装了炸弹，当飞机起飞 10 分钟后，炸弹自动开关就会操作，若飞机到 2000 米以下的高度时，就会引发炸弹爆炸，到那时——哈哈。"

驾驶员听完控制塔的消息后，不知所措。目前飞机是在离地面 1 万米的上空飞行，若要紧急降落也不能降到 2000 米以下的高度，可是燃料用尽后，也是……

然而，那名情报员突然想到一个安全的降落方法，于是与驾驶员商讨改变航线，继续往前飞，最后，飞机安全着陆地面，又在尾翼部分找到了那枚炸弹。果然它在 2000 米处就炸了。

究竟机智的情报员，如何挽救了此场浩劫的？

204. 被替换的钻石

珠宝店来了一个像是腰缠万贯的暴发户的人，举止粗野，态度蛮横，用命令的口气支使店员要这要那，嘴里还嘎巴嘎巴地嚼着口香糖。店员一直忍气吞声地应酬着。

"哎哟，怎么搞的？"

男的拿在手里的钻石不小心掉到了地上。

店员慌忙拾起来一看却是个纯粹的假货。

147

"先生，非常抱歉，是您将钻石替换了吧？能让我搜一下您的身吗？"

直到这时，店员才咄咄逼人地强硬起来。可是，翻遍了那人的全身也没发现钻石。

"像话嘛，你们以假充真卖假钻石，还要找我的碴儿？"

店员虽然坚信是此人替换的，可还是忍气吞声地道了歉，并给了他一笔钱打发走了了事。可此人到底是怎么将钻石替换走的呢？

205. 三对情侣

有三位美丽的姑娘 A、B、C，她们将要嫁给三位英俊的男士甲、乙、丙。有个大汉去探听各人的配偶，可是他们和大汉开玩笑，没有说实话。甲说："我要娶的是 A 姑娘。"再去问，A 姑娘访问她要嫁的人是丙。去问丙，丙却说将要和 C 姑娘结婚。那个大汉问来问去都问不出结果，直到他们举行婚礼后才知真相。

其实从他们的谎话中就可知真相，请你动动脑筋吧。

206. 谁偷了画册

侦探沙茨接到一个名叫克内德尔的书店女老板打来的电话，说：书店刚要关门时一本昂贵的《古希腊文物》画册不见了，当时，店堂里只有老主顾施托尔茨太太和朗拜因先生。

沙茨问道："他们今天又买书了吗？"

克内德尔回答："买了。朗拜因先生买了两本侦探小说；施托尔茨太太买了一本占星术方面的书，这本书还是我给她找出来的呢。因为她把眼镜忘在家里了，她眼睛十分近视，放在手上的 5 马克硬币都看不清楚。我把书递给她时，正好电话铃响，我就去接电话……"

沙茨了解到，两人都有夹带画册出去的可能和机会。于是立即驱车，分别到朗拜因先生和施托尔茨太太的住处，当沙茨说明来意后，朗拜因先生勃然大怒地将其赶走，而施托尔茨太太则显得非常客气，并说，那天她曾看见几米外有人翻阅过丢失的那本书。

几小时后，沙茨回到了克内德尔那里，微笑着把断案结果告诉了这位女老板。

究竟是谁偷了画册？沙茨断案的依据是什么？

207. 不可思议

列车长提醒大家，这一带有飞车贼，注意别开窗，列车将加速行驶。

大腹便便的格林先生不相信，依然开着窗，不时欣赏窗外景色。

夜色降临，格林先生隐隐约约看到窗外有人从车厢上跳出跳进，如履平地。突然一个铁钩从车厢伸进窗内，钩走他的提包，转眼工夫，此人又提着提包飞出去了。

他赶紧关上窗户，庆幸那个提包内没什么贵重的东西。

大侦探问他："你为什么不听从列车长的警告？"

格林先生不可思议地回答："列车跑得这么快，那贼真有飞毛腿吗？"

大侦探指着窗说："贼并没有什么本事，是那东西帮了贼？"

大侦探说的"那东西"是什么呢？

附：答案

1. 分析：需要注意的是题目中所给的数字是无用的，因为第一句话说："你是司令"，所以司令的年龄，就是读者你的年龄。

2. 分析：这是个偷换概念的问题，每人每天 9 元，老板得到 25 元，伙计得到 2 元，27 = 25 + 2。不能把客人和伙计得到的钱加起来。

3. 答案：选 C

分析：由条件 1 可得，其余的四种颜色，黄绿蓝白为两组互为对色的颜色，又由 2、3 可得：白色与黄色为对面，蓝色与绿色为对面。所以选 C。

4. 分析：教练下令"单数"运动员出列时，教练只要下 5 次命令，就能知道剩下的那个人。此人在下第五次令之前排序为 2，在下 4 次令之前排序为 4，在下 3 次令之前排序为 8，在下 2 次令之前排序为 16，在下 1 次令之前排序为 32，即 32 位运动员。而后者，双数运动员出列时，我们可以得出剩下的是 1 号运动员。

因此：前者 32 号，后者 1 号。

5. 答案：这道题如果换一个问的方式，就很好回答，要是一只钟是停的，而另一只中每天慢一分钟，你会选择哪个呢？当然你会选择每天只慢一分钟的钟。

本题就是这样，两年准一次，也就是一天慢 1 分钟，需要走慢 720 分钟，也就是 24 小时，才能在准一次，也就是需要两年，而每天准两次的钟是停的。

因此，选择每年准两次的钟。

6. 答案：切下管子的 hh 端，装到另一端，成为 hhyyyyhh；或者可以歪曲管子也可以达到这个效果。

7. 答案：我们知道，八双袜子的质量和大小完全相同。因此，可以让他们把标签撕下来，按顺序每人取一只，重新组合在一起就可以了。

8. 答案："男女"的房间。

分析：因为确定每个牌子都是错的，所以挂有"男女"牌子的房间一定是只有"男"或只有"女"。很容易就能判断出来了。确定了这个，其中两个也就出来了。

9. 分析第一步：对前三个进行比较大小，对于最大的心里要有一个概念。

第二步：中间3个作为参考，确认最大的一个的平均水平。

第三步：在最后4个中选择一个属于最大一批的，闭上眼睛不再观察之后的。这就是最大的一颗。

10. 答案：称量出20g，倒入另一份70g中，获得50g，90g。

分析：第一步：将盐分为两个70g，取出其中一份。

第二步：利用两个砝码称出9g。

第三步：利用9g盐和2g砝码称出11g。

11. 答案：10年可能3653或者3652天。

分析：假如，第1年为闰年，则第5年，第9年也为闰年，共3563天。

假如，第2年为闰年，则第6年，第10年也为闰年，共3563天。

假如，第3年为闰年，则第7年为闰年，共3652天。

假如，第4年为闰年，则第8年为闰年，共3652天。

12. 答案：总共是17分钟

分析：第一步：A、B过花时间2分钟。

第二步：B回花时间2分钟。

第三步：C、D过花时间10分钟。

第四步：A回花时间1分钟。

第五步：A、B再过花时间2分钟。

13. 分析：第一步：打开开关A，5分钟后关闭开关A；

第二步：打开开关B；

第三步：进入卧室，开关B控制的是亮着的灯，用手去摸不亮的灯，发热的是开关A控制的灯，不发热的是开关C控制的灯！

14. 答案：只要问其中一个："你认为另一个守门人会说他守的是生门还是死门？"就可以知道那扇是生门，那扇是死门。

分析：问其中一位守门员，如果回答是生门即实际是死门，反则生门。或者问："对方认为哪边是死门？"看他会指向那扇门？

15. 分析：由于他们没有办法，他们都想：

（1）如果他坦白：我坦白，5年；不坦白，10年。坦白更好；

（2）如果他不坦白：我坦白，1年；不坦白，3年。坦白更好。

因此他们都选择了"坦白"。

16. 附最佳答案：

分析：43。其读音是"四十三"，去掉"四"为"十三"，去掉"三"为"四十"。即这个数字是"四十三"。

17. 附最佳答案：

分析：只要把药片全部碎成粉末，搅匀后平均分成10份，一天吃一份。

18. 分析及答案：一共需要10架飞机。假设绕地球一圈为1，每架飞机的油只能飞1/4个来回。从原机（也就是要飞地球一圈的飞机）飞行方向相同的方向跟随加油的飞机以将自己的油一半给要供给飞机为原则，那跟随飞机就只能飞1/8个来回。推理得以四架供一架飞机飞1/4的方法进行，那么原机自己飞行1/4到3/4的那段路程，0至1/4和3/4至4/4由加油机加油供给，就是给1/2的油，原机就能飞1/4了，所以跟随和迎接两个方面分别需要供油机在1/4处分给原机一半的油，供油机在1/4处分完油飞回需4架飞机供油，所以综上所述得（1＋4）×2＝10。

19. 分析及答案：在国王宣布过第1条命令后，过了一段时间，仍没人被释放。因此，可以证明3顶帽子中没有2顶红帽，也可以说三个人中可能有2黑1红，或者3黑。于是出现了两种情况：假设A戴的是红帽，于是他就看见了2顶黑的。B和C都可以看见1黑1红。但是既然红的在A头上，那么B和C都是黑的。那么B和C早就能确定自己带的是黑帽。所以A不可能戴红帽。因此A推定自己头上戴的肯定是黑帽。因为只有出现3顶黑帽，才没有人敢确定红帽是否在自己头上。聪明的你想到了吗？

20. 分析及答案：

（1）第2个数字比第1个数字多3，第3个数字比第2个数字多3，第4个数字也比第3个多3，这像是一个等差数列，差是3。按这个想法，应该填13，16，那接下来19，22，25都符合这个规律。

（2）仔细观察，你会发现每个数字的差不一样，后面的基本都比前面的大，有什么规律呢？第3个数字2是第1个和第2个数字的和，第4个数字3，是第2个和第3个数字的和，每个数字都是它前面两个数字的和。按这个想法，应该填13，21，在后面的34正好等于13＋21，55也正好等于21＋34，按照这样的规律填即可。

（3）这一组数字，后面的数字都比前面的大，那差分别多少呢？看看，

2－1＝1，4－2＝2，7－4＝3，11－7＝4，16－11＝5……

你看出规律了吗？每一个数字根前面数字的差都增加1。那这样应该填22，29，后面正好也符合这个规律。

（4）首先可以看出后面的数字比前面的数字大，大多少呢？3，5，7。这个规律成立吗？试试看，填进大9和11的数字，得到25，36。36＋13＝49，49＋15＝64。正好成立。

21. 分析：因为1号、2号、3号三人共得分为22＋9＋9＝40分，

又因为三名得分均为正整数且不等，所以前三名得分最少为6分。40 = 5×8 = 4×10 = 2×20 = 1×20，不难得出项目数只能是5。即 N = 5。

1号总共得22分，共5项，所以每项第一名得分只能是5，22 = 5×4+2，故1应得4个一名1个二名. 第二名得1分，又因为2号百米得第一，所以1只能得这个第二。

2号共得9分，其中百米第一5分，其它4项全是1分，9 = 5+1 = 1+1+1。即2号除百米第一外全是第三，跳高第二必定是3号所得。

22. 因为21岁的女孩不是去了A岛（印玉）（③），所以，21岁的是张虹。所以可推断，19岁的是印玉。

姓名	年龄	岛	卵
张虹	21 岁		1个或2个
印玉	19 岁	A	1个或2个
东晴	18 岁		
西雨	20 岁		3个

假设张虹有2个的话，那么印玉就有3个（③），这与④相互矛盾的。所以，张虹是1个，印玉是2个。因此可知，C岛是发现了2个（⑤），去C岛的是东晴。

根据条件⑥可知，张虹去了D岛，剩下的西雨去了B岛。

所以，结果就是：

姓名	年龄	岛	卵
张虹	21 岁	D	1个
印玉	19 岁	A	2个
东晴	18 岁	C	2个
西雨	20 岁	B	3个

23. 答案：小圆能转3周。

分析：两圆的直径分别为2、4，那么半径分别为1、2。假如把大圆剪开并拉直，那么小圆绕大圆转一周，就变成从直线的一头移动到另一头。因为这条直线长就是大圆的周长，是小圆周长的2倍，所以小圆需要滚动2圈。

但现在小圆在沿大圆滚动的同时，自身还要作转动。小圆在沿着大圆滚动1周并回到原出发点的同时，小圆自身也转了1周。如果小圆在大圆的内部滚动，其自转的方向与滚动的转向相反，因此小圆自身转了1周；如果小圆在大圆的外部滚动，其自转的方向与滚动的转向相同，因此小圆自身转了3周。

24. 答案：甲班班长懂计算机。

分析：A与B是等值关系，真假情况完全相同，假如C真，那么B也是真的。因为这三个判断中只有一个是真的，所以只能是B与C假，A真。

A如果是假的，意味着"甲班所有的同学懂计算机"真，这是因为B与"甲班所有的同学懂计算机"是矛盾关系。既不可以同时使是真的，也不可以同时都是假的，如果有一个是假的，那么另一个必定是真的。另外，如果甲班所有的同学懂计算机，那么说明甲班班长也懂计算机。

25. 答案：C工厂参加鉴定。

分析：如果B工厂不参加鉴定，那么A工厂也不参加；如果B工厂参加鉴定，那么A工厂和C工厂也要参加；A工厂参加鉴定。

（1）如果B工厂不参加鉴定，那么A工厂也不参加。

（2）A工厂参加鉴定。所以，B工厂参加鉴定。

（3）如果B工厂参加鉴定，那么A工厂和丙工厂也要参加。B工厂参加鉴定。

所以，A工厂参加时，C工厂也会参加。

26. 答案：岳飞。

分析：孙某说："如果我不知道的话，张某肯定也不知道。"那名字和姓肯定有多个选择的，排除沈、万、三和张良，把姓沈和姓张也同时排除。现在剩下：赵括、赵云、赵鹏、岳飞、岳云。张某说："刚才我不知道，听孙某一说，我现在知道了。"所以肯定是多选的排除：那就是"云"，剩下：赵括、赵鹏、岳飞。

最后：孙某说："哦，我也知道了。"那姓肯定是惟一的，那只有"岳飞"了。

27. 分析：想要使三个人都得到心里平衡，分汤的方法就必须要公平、公正、公开。因此，可以得出以下结论：

第一步：让第一个人将汤分成他认为均匀的三份。

第二步：让第二个人将其中两份汤重新分配，分成他认为均匀的2份。

第三步：让第三人第一个取汤，第二人第二个取汤，第一人第三个取汤。

28. 把软木塞按进去。

答案：5岁的孩子说："老爷爷，这个房子我租了。我没有孩子，我只带来两个大人。"房东听了，感觉孩子确实很乖，于是把房子租给了他们。

29. 分析：如果真的是他老公杀的话，死者就不可能说："他不知道我在录音，我要关录音机了。"如果被杀者录音并不被杀人者所知，录音不会有咔嚓声，这样被杀人就可能知道录音机所在何处，离开时也会同时把录音机销魂，就不会存在这个录音了。

30. 答案：选A。

分析：在选项B中，有免费师范生入学，一定有贫寒生入学，因为免费师范生是贫寒的。C选项免费师范生一定贫寒，一定参加勤工助学，没参加勤工的一定不是免费师范生。D有些参加勤工的指的就是那些2007秋季入学的免费师范生。排除得A错误，原因在于那年勤工助学的可能就是那几个免费师范生，没其他人。

31. 答案：选C

分析：2正确，因为肯定有中老年教员办人寿保险，所以肯定没办财产保险。3正确，买四居室以上都办了财保，办人寿的没办财保，办财保的也肯定没办人保，所以这些大户都没办人保。1不能断定，大多数买人保，也可以有人买了四居室以下也没买人保的。

32. 答案：选D

分析：由题目得，第一和第四个杯子一定有句真话，因为这两句话是矛盾的。假设第一个杯子是真话，第二个杯子就是假话，第三个杯子是真话，有2句真话矛盾。所以第四个杯子说的是真话，其他三个杯子都是假话！A排除。B也排除，因为有些杯子没有糖，有些杯子是有的，例如，第一个杯子有糖，第二个有糖，第三个有巧克力，第四个有苹果。由此可以看出，C也不对。只有D是真的，如果第三个杯子没有巧克力，那么就有2句话是真的了。

33. 分析：第一步：猎人与狼先乘船过去，放下狼，回来后再接女人的一个孩子过去。

第二步：放下孩子将狼带回来，然后一同下船。

第三步：女人与她的另外一个孩子乘船过去，放下孩子，女人再回来接男人；

第四步：男人和女人同时过去，然后男人再放下女人，男人回来下船，猎人与狼再上去。

第五步：猎人与狼同时下船，然后，女人再上船。

第六步：女人过去接男人，男人划过去放下女人，回去接自己的一个孩子。

第七步：男人放下自己的一个孩子，把女人带上，划回去，放下女人，再带着自己的另外一个孩子。

第八步：男人再回来接女人。

34. 分析：第一个人选择17颗豆子时，存活几率最大。他有先动优势。他有可能被后面的2、3、4、5号逼死，但可能性不大。假如第1个人选择21颗豆子，那么1号将自己暴露在一个非常不利的环境下。2-4号就会选择20，五号就会被迫在1-19中选择，则1、5号处死。所以，1号会选择一个更小的数。

如果1号选择一个小于20的数，2号就不会选择与他偏离很大的数。因为如果偏离大，2号就会死，只会选择+1或-1，离死的概率会小一些。当考虑这些的时候，必须要学会逆向考虑。1号需要考虑2、3、4号的选择，2号必须考虑3、4号的选择，而5号会没有选择。

用 $100/6 = 16.7$，1号最终必然是在16、17中做选择，这样的几率会很大。在分别对16、17计算概率后，得出有3个人会选择17，如果第四个人选择16，则为均衡的状态，但是4号选择16不及前三个人选择17生存的机会大；若4号也选择17，那么整个游戏的人都要死（包括他自己）！因此，只有按照17、17、17、16、N（1-33随机）选择时，1、2、3号的生存机会最大。

35. 答案：A是北区人；B是南区人，获得铜牌；C是中区人；D是局外人，获得金牌；E是局外人，获得银牌。

分析：说话者之中有一个是南区人，一个是中区人，一个是北区人，两外两个时局外人。

E第3次说的话是真实的，B的第四次陈述是真实的，因为E可以肯定要么是中区人，要么是两个局外人之一。

C第1次说的可能是虚假的，也可能是真实的。如果是真实的，B要么是南区人，要么是两个局外人之一。如果是假的，那么C就是中区人。

D第4次陈述，即C不是北区人，是真实的。因此，B、C、D、E每个人至少有一次真实的陈述。因此，A是北区人，此陈述是假的。

A第2次陈述，即B不是南区人，是虚假的。那么，B是南区人，此说法是真的。

B第2次陈述，即C的第一次陈述是虚假的，所以C是中区人。

C第1次和第三次是虚假的，第二次和第四次陈述是真实的。以此，也可以推出D和E是两个局外人。

A第3次陈述是虚假的，D赢得了金牌。

B第1次陈述是真实的，E赢得了银牌。

C第3次陈述，即B没有赢得铜牌，是虚假的，B赢得了铜牌。

D第1次和第四次陈述是真实的，第二次和第三次陈述是虚假的。

E第2次和第三次陈述是真实的，第一次和第四次陈述是虚假的。

36. 从题意中可以很明显的发现小甜和小蜜并不是主人，而是水缸里养的两条金鱼，所以李管家并没有报警。因为没有其他人在房间，而水缸是不会自己翻倒的。安卡一日后被解雇了，因为她在工作中太不小心，打碎了水缸，致使两条金鱼意外死亡。

所以，李管家把安卡解雇了。

37. 答案：3条病狗。

分析：

（1）假如有1条病狗，那主人肯定不能看自己家的狗，出去没有发现病狗，但村长却说有病狗。他就会知道自己家的狗是病狗，那么第一天就应该有枪声，但是事实上大家并没有听到枪声，因此推出病狗不是一条。

（2）假如有2条病狗，设为甲家和乙家。第一天甲和乙各发现对方家的狗是病狗，但是第一天没有听到枪响。第二天就会意识到自己家的狗也是病狗。接着第二天就应该有枪响，但事实上也没有，所以2条病狗也不对。

（3）假设有3条病狗，设为甲、乙、丙家。第一天甲、乙、丙各发现2条病狗，他们就会想第二天晚上就会有枪响，但是第二天晚上没枪响，第三天晚上他们就会意识到自己家的狗也有病，所以开枪杀狗。因此通过假设，我们可以看出这个村里有3条病狗。

38. 分析：如果是一天早上8点，有"两个"和尚分别从山上的庙和山脚同时出发，并且只有一条路可走，你想他们是不是一定会相遇。换一种说法，就是小和尚在同一钟点到达山路上的同一地点。

回到问题，星期一和星期二都是8点出发，又是相向的走同一条路，如果能跨越时间思维的局限，星期一和星期二都的8点出发看成是小和尚有分身之术同一天的8点分别从山上的庙和山脚出发"今天的小和尚必然和昨天的自己"相遇就不难理解了。这样，就能证明小和尚能在同一钟点达到同一地点了。

39. 答案：一共有15搜船。

分析：首先我们先想一下，从美国纽约开往勒阿佛的海航线上总会有7艘轮船，只有每天中午时，只有6艘轮船，每两艘轮船相距一天路程。今天中午从勒阿佛开出的船每半天（12小时）会遇到一艘从纽约来的船横渡一次的时间是7天7夜，本应是会遇到14艘，可是从勒阿佛开出的船是中午开出。因此最后一艘是在美国纽约遇到的，第一艘是在法国勒阿佛遇到的，所以正确答案是：路途中遇到13艘从纽约来的船。然后，还要加上在勒阿佛遇到的刚刚到达的从纽约来的一艘船，还要加上在美国遇到的准备出发的一艘船。

40. 分析：

第1次称量：天平左端放27个球。右端也放27个球。有2种可能性：A平衡、B不平衡。如果平衡了，那么下一次就以余留的80－27－27＝26个球作为研究对象。如果不平衡，那面选择轻的一端的27各球作为第二次称量的物品。

第2次称量：天平左右两边都放9个球。研究对象中还有8～9个球没有放入天平中。有2种可能性：A平衡 B不平衡。如果平衡了，那么下一次就以余留的8～9个球作为研究对象。如果不平衡，那么就选择轻的一端的9各球作为下次称量的物品。

第3次称量：左右两边个放3各球。研究对象中还有23个球没有放入天平中。有2种可能性：A平衡B不平衡。如果平衡了，那么下一次就以余留的2~3个球作为研究对象。如果不平衡，那么就选择轻的一端的3个球作为下一次称量的物品。

第4次称量：天平的左右两边各放1个球。研究对象中还有0~1个球没有放入天平中。有2种可能性：A平衡B不平衡。如果平衡了，那么余留的另一个球就是要找的球。如果不平衡，那么轻的一端就是你要找的球。

41. 答案：9月1号。

分析：首先，我们来分析一下这10组日期，经观察不难发现，只有6月7日和12月2日这两组日期的日数是唯一的。由此可以看出，假如小红知道的N是7或者2，那么她肯定知道老师的生日时哪一天。

再次，我们来分析一下小刘说的话，小刘说："如果我不知道的话，小红肯定也不知道"，而该10组日期的月数分别为3，6，9，12，而且相应月的日期都有两组以上，所以小刘得知M后是不可能知道老师生日的。

进一步分析，小刘说："如果我不知道的话，小红肯定也不知道"，通过结论2我们可知小红得知N后也绝不可能知道。

然后，结合1和3的分析，可以推断：所有6月和12月的日期都不是老师的生日，因为如果小刘得知的M是6，而若小红的N＝7，则小红就知道了老师的生日。

同样的道理，如果小刘的M＝12，若小红的N＝2，则小红同样可以知道老师的生日。即：M不等于6和9。现在只剩下"3月4日、3月5日、3月8日、9月1日、9月5日"五组日期。而小红知道了，所以N不等于5（有3月5日和9月5日），此时，小红的N∈（1，4，8）注：此时N虽然有三种可能，但对于小红只要知道其中的一种，就得出结论。所以有"小红说：本来我也不知道，但是现在我知道了"，通过这样的推理，最后就剩下"3月4日、3月8日、9月1日"三个生日。

分析"小刘说：哦，那我也知道了"，说明 M = 9，N = 1，（N = 5 已经被排除，3月份的有两组）。因此正确答案应该是9月1日。

42. 答案：江小姐养蛇。

分析：左、左二、中、右二、右

　　　赵、陈、钱、江、翁

　　　黄、蓝、红、绿、白

　　　开水、茶、牛奶、咖啡、香槟

　　　梨、桔子、西瓜、香蕉、苹果

　　　猫、鱼、鸟、蛇、狗

用表格来表示为：

姓名 \ 物品	9. 赵	3. 陈	1. 钱	13. 江	2. 翁
衣	7. 黄	14. 蓝	1. 红	4. 绿	4. 白
饮料	15. 开水	3. 茶	8. 牛奶	5. 咖啡	12. 香槟
宠物	10. 猫	11. 鱼	6. 鸟		2. 狗
水果	7. 梨	10. 桔子	6. 西瓜	13. 香蕉	12. 苹果

43. 答案：选B.

分析：（1）如果赵不是AB是假的，则其余必真，赵是AB型与李也是AB型，血型各不相同矛盾：所以丁必真。

（2）如果李是AB是假的，则其余真，即李必为B型，但赵不是AB真也必为B型矛盾：所以李必真。

（3）如果王假甲真，其余真，（张A，李AB）丁O，王B是可以的。

（4）如果张假王真，其余真，（王O，李AB）丁A，张B是可

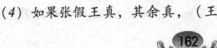

以的。

综上所说，3和4都无法确定谁真谁假，张假可以推出，王假可以推出，但李、赵说假话的题目就错了，什么都推不出。A 无论谁说假话范围太大，应该说无论张、王哪个说假话都可以推出：A、B、C、D 只有一个正确答案，那就是 B。

44. 答案：选 D。

分析：

A 中的酒精可以溶解碘，所以提取后会得到酒精、水和碘三者组成的溶液，不符合提取的要求，所以不能用酒精萃取碘水中的碘。

B 的道理和 A 比较相似，由于四氯化碳、苯、溴苯三种有机物可以两两互溶，也不符合提取条件。

C 中的裂化汽油里含有烯烃等不饱和烃，容易与溴发生加成反应，所以不能用裂化汽油萃取溴水中的溴。

D 的说法是正确的，由于十二烷是液态的有机物，不会与钠反应，而且可以起到隔绝空气和水的作用。所以可把金属钠保存到十二烷中。

45. 答案：五兔和六兔。

分析：

（1）首先，兔子也是分阶级的，因为大兔子病了，如果要救她，就必须牺牲一切代价，甚至牺牲一只兔子，也救他。

（2）其次，生病的是大兔子，可死的却是五兔子，很显然，五兔子是被做成了药引。

（3）"买药"其实一句黑话，实际上草药并不需要那么多，主要是药引。因此这个"买药"实际上是说指要去杀兔子做药引，所以断定三兔子是一个杀手。

（4）也许你不明白，被做成"药引"的为什么首先是五兔？其实这个原因很简单，是不是和做药引，医生说了算，二兔子就是医生。

（5）因此，我们可得知，二兔子"借刀杀人"搞死了五兔子。

（6）你知道那只兔子是母兔吗？想一下，爱哭，是女人的天性。因此我们知道九兔是一只母兔，九兔知道了真相，所以才酷哥不停。

（7）可以断定"六兔子抬是一个病句，因为一只兔子根本就没有办法抬。他显然是被抬，因为他死了，所以才会被抬。而抬他的就是事后挖坑、埋尸的兔子，即七兔子和八兔子。

（8）看到这里，你肯定认为六兔子是被七、八两只兔子所杀。其实不然，他是被杀手三兔子杀死的。三兔子本来没想杀他，可它和五兔子的关系非常好，当时它们正好在一起，并联手对付它，因此三兔子借机把他们两个同时杀了。

46. 答案：洪与江、李与王、赵与徐、张与杨为夫妻。

分析：首先分析性别，因为李的爱人是洪的爱人的表哥，所以说明李是女性，当然，与李在结婚前同住在一个宿舍的徐和张也为女性。所以我们得出了：

男：赵、洪、王、杨

女：李、徐、张、江

接下来分析夫妻关系，从洪入手，因为洪夫妇和邻居吵架，徐、张、王来帮忙，说明了洪的对象不能是徐和张

所以洪的对象有两个可能：李和江。但是由于李的爱人是洪的爱人的表哥，所以否定了李，洪与江是对象。

下来分析李的爱人：因为洪夫妇与邻居吵架，徐、张、王都来助阵，这里只有王是男性，而且李的爱人是洪的爱人的表哥。所以说明王很有可能就是江的表哥，也就是李的丈夫。这样我们分析出了王与李是一对。

剩下的男性还有赵和杨，女性还有张和徐。第一句说了：赵结婚的时候张来送礼，说明赵不是和张结婚，所以赵和徐是夫妻。而张和杨是夫妻。

47. 答案：选择B

分析如下：

A：只要考试不黑，我肯定能考上。因为不黑，所以A考上了

B：即使考试不黑，我也考不上。因为不黑，他可能考不上

C：如果考试不黑，我就能考上。因为不黑，所以他考不上

D：如果考试很黑，那么，我肯定考不上。因为不黑，他有可能考上或是考不上

上面四种分析后没有出现冲突，因此选B。

48. 答案：选A

分析：在世界总人口中，男女比例相当，但是，黄种人跟黑种人相比多得多。在白种人中，男性比例大与女性，由此可见：

（1）黄男＋黄女＞黑男＋黑女

（2）黄男＋黑男＋白男＝黄女＋黑女＋白女

（3）白男＞白女

通过（3），（2）

推出（4）：黄女＋黑女＞黄男＋黑男

结合（1），（4）相加，

得出（5）：黄男＋黄女＋黑女＋黄女＞黑男＋黑女＋黄男＋黑男

所以：黄女＞黑男

49. 小狗绕到南边，向北对黄鼠狼进行进攻。黄鼠狼放出的臭屁，总是被南风吹跑了。

50. 渡河方法如下：

a. 小赵、猫——A岛；

b. 小赵独自返回起点；

c. 小赵、鼠——A岛；

d. 小赵带猫返回起点，鼠则留在A岛上；

e. 小赵将猫留下，带狗去A岛；

f. 最后，小赵将狗留下，再返回岸边将猫接过来，便渡河成

功了。

51. 全幢大楼共有7层，每一层楼面上的顾客要到其余六层楼楼面去，就相当于提出了六种"乘梯要求"，7层楼面就有42种要求（6×7＝42）。可是从第一层上升到第二层的要求，同第二层下降到第一层的要求可以由同一架电梯来完成，因此，这两种要求，实际上属于同一种要求。推而广之，上述42种要求，只有一半，即21种不同的要求。由于每架电梯允许停靠三个楼面，所以每架电梯就能解决3种要求，21种要求只要7架电梯（21÷3＝7）就能全部解决了。

52. 小骡说它的爸爸和妈妈也是骡子，这是不对的。因为骡子是不会生小骡子的。骡子有两种，一种叫马骡，它的爸爸是驴，妈妈是马；一种叫驴骡，又叫矮骡，它的爸爸是马，妈妈是驴。

53. 经理说："她是我们店里的塑料时装模特。"

原来，小李是个近视眼。

54. 小青带9元8角钱，用去4元9角，剩下4元9角。

55. 刘建封马上一翻大襟搭在肩上，来了个金鸡独立。一手在上举过头顶，一手在下护腹，纹丝不动，怒瞪双目，厉声喝道："哼。你们哪里是我的对手，莫让我伤了你等性命，快去唤你们的武士来。"俨然一副中华武林高手的派头。几名捕快摸不清他的功底，不敢妄动，慌忙跑回去唤武士。趁这个工夫，刘建封已带好公文，直奔码头，乘船平安地回到了祖国。

56. 她感到身体在下沉时，便本能地伸直了双腿，又浮上了水面。这时她觉得头部很沉，疼痛难忍，原来是她那根3尺多长的毛辫子挂满了水中的柴草，她下意识地用双手抱住了后脑勺，仰面朝天，在水中漂流。她的这种姿势正好与水中的"仰泳"动作大体吻合。长长的毛辫子上挂着一片柴草，为蒋彩莲平稳漂流增添了浮力，产生了神奇的作用。

不知过了多少时辰，漂流了多长时间，蒋彩莲被飞泻直下的洪水卷入了一座拦洪水卷入了一座拦洪大坝，万幸的是她跌入坝底时随着翻卷的浪头趴在了水面上，她仍保持了以前漂流的姿势，直至她被救起。

57. 他说："他的靴子……原来有毒，我……真的不行了……"

58. 张学永却强忍着泪水握住部队首长的手，坚决要求留在部队坚守岗位。他说："俺的父母都是老党员，他们的心愿就是让我在部队好好锻炼，为祖国站岗放哨。儿子为国站岗不能尽孝，他们是不会怪我的。为了让祖国人民过上太平年、太平日子，我不能离开哨位。"

59. 原来齐白石违反了作画的两个原则：一是树干不能由低而高画，二是"疏能走马，密不透风"，齐老把花画得太密了。

60. 文豪说"斌字，是说你文不是文，武不是武；尖字，是说你小不小，大不大；卡子，是说你上不上，下不下；傀字，是说你人不人，鬼不鬼。

61. 谜底是"斩蒋示众"四个字。夏明翰同志用谜语诗作为鞭挞敌人的武器，表达了共产党人嫉恶如仇的义愤。

62. 原来，他就躺在一个小水沟里，用沟边的杂草遮住了脸，敌人的叫骂、吆喝声，他都听得清清楚楚，有几次脚步声就响在他头顶。直到听不到这些声音了，他才从沟里爬起来，在脚上抹了些泥，装着像个农民的样子，继续赶路。

不久，震惊国内外的湘赣粤闽四省工农暴动发生了，那位在浏阳用金钱对敌兵利而诱之、机智脱险的人，就是前去领导这次秋收起义的党中央特派员毛泽东。

63. 毛泽东稍加思索便说："赵公元帅的赵，有钱无钱的钱，龟孙的孙，有理无理与李同音。大宋天子赵匡胤说过：'有钱龟孙不讲理'。"

毛泽东不仅按要求回答了越某的刁难，而且巧妙地骂他是"有钱龟孙不讲理"，真使人拍案叫绝。

64. 老板标价的方法是每个字5元，所以连衣裙是15元。

65. 32号运动员最后离开队伍。

66. 姓黄的姑娘穿蓝色的裙子；姓蓝的姑娘穿白裙子，姓白的姑娘穿黄裙子。因题中已暗示穿白裙子的姑娘和姓黄的姑娘不是一个人，所以黄姑娘只能穿蓝裙子，那么蓝姑娘必须穿白裙子，白姓姑娘必须穿黄裙子。

67. 原来，这个人怕摸钟，他担心摸了钟会响，所以不敢摸，这样手上没有墨迹。这就是陈述古断定他是偷盗张家的根据。说钟"灵验"，会"辨别"这当然是不科学的。但陈述古正利用了人们的迷信思想，破了这个案，这却是适合当时的情况的。

68. 慧远说："求人不如求己。"

69. 他从容答道："臣的书法，人臣中第一，陛下的书法，皇帝中第一。"齐太祖听罢，一笑了之。

70. 原来这个读书人是坐在大力士的膝盖上，大力士当然不能坐了，所以只能认输。

71. 没有起动器的简易荧光灯，一旦停电，荧光灯熄灭后，即便来电也不会自行再亮。

所以，如果罪犯在停电前或停电时作案后逃走的话，那么翌日尸体被发现时，现场的荧光灯理应是灭着的。而相反，荧光灯却是亮着的。这就是说来电时被害人还活着，是自己开的灯。在这之后，凶手来杀了他。为了伪装成是停电时作的案，凶手故意把手电筒打开放在桌子上。然而失败就失败忘了关掉荧光灯。

72. 因为这个聪明人说："我是来叫你吊死的。"如果奴隶主把这句话当作假话，那么就要把这个聪明人吊死（因为说假话要吊死）；可是如果真把这个人吊死了，那么，这句话不是变成真话了吗？

73. 黄道周家里的婢女，个个都在学习写字。有一个婢女说黄悟出高价求字，便想出了计策，天天学写"公"字。黄道周看到这婢女很用功，只是不得其法，便笑着对婢女说："我来写一个给你看看。"这个婢女得到黄道周的亲笔"公"字，欢喜极了，便暗中送到黄府去，换取了一千金。

过了几天，这婢女又天天学写"庙"字。黄道周看见后对她说道："'庙'字不是这样写的，我写一个给你做样子。"说着又写了个"庙"字给婢女临摹。这婢女又把它暗中送给黄府，又换得一千金。

又过了好几天，黄道周又看到这个婢女正在学写"祖"字，写得很不像样子，便说道："这样笨，我写给你看看。"说完，他又提笔写了个"祖"字。婢女心中暗想：黄府所要四个字，已经到手三个字，便直截了当地向黄道周恳求再写一个"上"字给她看看。到这时，黄道周才恍然大悟，知道自己上了这婢女的当了，便不肯写写，愤然指袖而去。

婢女别无它法，只好自己勉强写了个"上"字冒充，说是黄道周亲手写的，拿到黄府去。黄悟竟也相信了。

74. 朱厚照禁止养猪的"理由"有二：其中，"猪"与皇帝姓氏同音，要避讳；其二，朱厚照生于辛亥年，这年恰好是猪年。因此，养猪、杀猪便被认为把矛头指向皇帝。

75. 沈拱山对老头说："你们赶快用稻草扎十几只假鸭子，我帮你们放。"老头一听，很快手扎了起来。这时，沈拱山也登上了小船。

一刻儿工夫，十几只稻草鸭全丢在河里。很快地这些稻草鸭子随风飘到小霸王的大鸭塘里，沈拱山把稻草鸭子一只一只捞起来，藏进船舱，把舱门关好。

再说，帮小霸王放鸭的狗腿子，看见有人捉鸭子，连忙报告小霸王。小霸王站在远处一望，沈拱山还左一只、右一只把鸭子船上抓。他火冒二丈，破口大骂道："哪里来的强盗，白天竟敢偷我的鸭子？"

沈拱山听了也不理他，叫老人赶快把船撑走，越快越好。

老人和沈拱山的船撑到瀛桥下，小霸王已经赶上来了。

沈拱山一脚跨上岸，叫老人把船停到河中央。小霸王不得上船，就一把抓住沈拱山，要他把鸭子交出来。

沈拱山说："你见鬼了，哪个捉你鸭子的？"

小霸王说："我亲眼看见的，鸭子在你的船舱里，休想抵赖得了。"

两个人正在争执不休的时候，盐城知县坐轿经过这里了。小霸王一见，连忙奔向县老爷轿前跪下，告沈拱山伙同老头儿偷他的鸭子。

这时围观的人越来越多。县老爷连忙派人查实，是有人看到沈拱山捉鸭子的，就对沈拱山说："你明明偷了鸭子，怎好抵赖，若查出来，该当何罪？"

沈拱山说："我若没偷，他该当何罪？"

小霸王一听，撒野地叫道："你若没偷，我把一塘鸭子送给你，再罚四十板子。"

沈拱山说："我若偷你鸭子，把小船给你，罚八十板子。"

知县一听，心想今天事实俱在，倒是办沈拱山的机会，于是命二人当即立下文书。

小霸王带上衙役上船搜查了。哪知把舱门开一看，惊呆了，全是稻草把子，连根鸭毛也没找到。小霸王只好认罚。

76. 诸葛亮假装惊慌地跑到水镜先生面前，大声说道："坏了，坏了，要出人命了。那鲤鱼是用荆芥炖的，就是八步断肠散，我是用它药野猪的呀？"

诸葛亮这么一说，有个弟子脸色突然变了，一下跪在地上，大声喊道："先生救命，先生救命，鱼是我偷吃了。"

水镜先生一听，以为真要出人命了，正准备去拿解毒药，却发现诸葛亮在一旁吃吃地笑。水镜先生恍然大悟，原来这是诸葛亮的妙计？

77. 裁缝回答说："大人身高多少，体形如何，我凭经验就可以目测出来，何必量尺寸呢？弄清资历，却必不可少。年纪轻轻就中进士的，因为春风得意，必然意气高昂，爱抬头挺胸，做衣服就要前襟长些后襟短些；年纪比较大，到了中年才中进士，意气微平，做衣服就要前后一样长；老年才中进士的，或者做官多年未获升迁的，略显消沉，一定爱低头沉思，做衣服就要前短后长。还有，性格急躁的，衣服应短些；性格缓和的，则要长些。所以，不知资历，就做不好衣服。"御史听后，深表佩服。

78. 原来，赵广一向是以左手执笔作画的。金兵要砍掉他手指时，他机智地出了右手。一般人都是右手握笔，所以，他得以骗过金兵，既维护了民族气节，又保护了用来绘画的左手。

79. 妇女笑着对敌将说："将军，你的行动，全靠此马。若当你下了马时，此马逃跑了又咋办？"贼将一听有理，想把马拴好再来，而附近又没有树木可拴。正在踌躇，妇女说："如果将马缰绑在你的脚上，岂不万无一失。"贼将赞成，两人就合手把马缰绑好。妇女突然乘其不备，抽出剪刀猛刺马腹，马受伤狂奔，那贼将终于被奔马活活拖死。妇女收拾起贼将的包裹，从容而去。

80. 张融说："给的并不少，每天要给它一担粮食呢。"

宋太祖说："一担粮食？的确不少了，可是它怎么吃那么多粮食，还这么瘦呢？"

张融回答说："我曾经当面答应它，每天给它一担粮食，只是总没有兑现。"

宋太祖听了若有所思。第二天，任命张融作司徒长史的文书就发下来。

81. 次日升堂，县令说："陆氏媒婆把一个女儿许配你们三家公子，你们三家又互不相让，本县只得秉公而断了。依本县之见，把彩姣截头、身、脚三段，出银最多的徐公子捧头，沈公子拿身，赵公子取脚，你们看如何？"

三家公子一听都傻了眼。可是最急的还是陆媒婆，她连忙跪地求

171

饶："大老爷开恩，大老爷饶命。"

赵公子说："这样做太残忍了；我自愿放弃，不要了。"

县官说："好，赵公子仁心可嘉。那么，把彩姣截成二段。二位公子协商，谁拿上半身，谁取下半截？"

徐、沈二公子一时定不下来。这时，彩姣马上站到赵公子身边说："我愿将终身许配给赵公子，请大老爷做主。"

县官又问陆媒婆："你同意吧？"

陆媒婆到此只得说："我愿退还徐、沈两家的聘礼，将女儿许配赵公子为妻，请大老爷做主。"

县官说："婚姻大事应由父母做主。既然如此，本官判彩姣为赵家之媳。但陆媒婆一女三许，有违法律，给我拉下去重责二十大板。"

82. 站在一旁的小邱建脱口而出："爹爹，下次我们送十二只公鸡、四只母鸡、八十四只小鸡。"

县官一听，忙问邱建的父亲："这就是令郎？"

他父亲回答说："正是小儿张邱建。上两次鸡数都是小儿算的。"

"人称令郎神童，真是名不虚传。"县官这回彻底信服了，奖给张邱建三百文钱，先后所买的三百只鸡也都赠给了他家。县官并把小邱建留在官府，为他创造条件，学习深造。日后，张邱建果然成了著名的数学家。

83. 楚人见一头鹿的价钱与千斤粮食相同，便纷纷制作猎具，奔往深山捕鹿，不再好好种田了。连楚国的官兵也陆续将兵器换成了猎具，偷偷上山了。

一年之后，楚国的铜币堆成了山，但粮食严重短缺，出现了严重的饥荒。

楚人想用铜币去买粮食，却无处可买。因为管仲早已发出号令，禁止诸侯与楚通商。

这么一来，楚军人饥马瘦，战斗力大大下降。管仲见时机已到，集合八路诸侯大军，浩浩荡荡，开往楚境，势如破竹。楚成王内外交困，无可奈何，忙派大臣求和，同意不再割据一方，欺凌小国，保证接受齐国的号令。

84. 十三郎说："昨晚我被那人拐走，知此人必是贪我头上珠帽，我就将帽子揣在怀里。这时，见那帽顶上有母亲为避邪安放的绣针彩线，就悄悄地抽出针钱，在那人的后领上缝线一道，并把针插在衣内，作为寻找的暗号。陛下只要令人按此密查，就可以了。"

果然不多久，就把这个大盗及几个同伙在酒店里抓住了。

于是皇帝就赶忙命人把十三郎送回家中去，并厚赏了他。

85. 原来，那四个字是用红、白二色写成的。"案悬起敬"如只看白色字迹，则成了"安县走茍"。

86. 第一个姓王，第二个姓田，第三个姓申。

87. 这是因为管理衣服的官员失职，没有给君主盖衣服。管理帽子的官员所以受罚，是因为他超出了职责范围。

韩昭侯的做法并不完全可取，但这种严格执法的精神，仍有借鉴的意义。

88. 陈实穿上衣服起了床，把儿孙们都叫进来。严肃地训导他们说："君子即使是很贫穷，也能固守节操，不去做有违礼仪道德和法律的事。人活着每时每刻都要自勉。许多违法的人不一定生下来就是坏人，只是因为沾染了坏习惯。房梁上的君子，就是因为沾染了坏习惯，才落到今天这种地步的。"

小偷一听，大吃一惊，慌忙从梁上跳下来，磕头请罪。陈实语气缓和地开导他说："看你的模样，不像坏人。只要好好改掉自己的恶习，就能重新做个好人。你干这种事大概也是贫穷所迫吧。"说着，他吩咐家人取出一些布匹和几两银子，送给了这位表示悔过的梁上君子。

此事很快传播开来，许多被生活所迫而小偷小摸的人都觉得惭愧。

从此以后，盗窃的事在太丘逐渐减少了。

89. 斩了状元后，皇上还是不放心，他怕刘小的家里人造反，又派一位钦差到刘小家乡去察访。

钦差去了两个月，回来禀报，说那状元家里除了老父老母外，连房子也没有，住在山洞里，洞用麦秸搭起来，遮风避雨。平时他父亲挑水，母亲做饭，吃盐全靠三只鸭子下蛋卖钱来买。状元所说的："千柱落地"，就是指放在洞口的遮风避雨的麦秸；"万马归槽"，是指洞顶上的一只蚂蚁窝；"八十人挑水"，是指他父亲已经八十岁了；"七十人煮饭"，是指他母亲已经七十岁了；"三只盐船"，就是指那三只鸭子，如果哪一只鸭子不下蛋，三餐吃盐都成问题。

皇上听了钦差的话后，方才知道错杀了人。但状元的头已经割下来了，还有什么办法？就赐了他一个金头御葬。

90. 他叫来一个差吏，在他的耳边讲了几句话。差吏点头退去。海瑞这才喝叫一声："带陈杏元。"陈杏元又被带上大堂。海瑞厉声地问道："陈杏元，你的父母已将你许配给人家，你怎么又私许终生与梅生？"陈杏元陈诉道："大人，我父母慕权贵、贪金钱，将我许给两家，叫我从哪一个？我与梅生自小青梅竹马，有情有意，他虽穷，我愿意嫁他。"

海瑞把惊堂木一拍，大声喝道："大胆民女，不听从父母之命，媒约之言，竟敢私订终身，有伤风化。来人，给我拖下去打。"

后堂里传来一阵阵棍棒声和哭喊声。一会儿，没了声息。一个差吏从后堂出来禀报："老爷，那民女禁不起重刑，被打死了。"

"怎么？被打死了？"海瑞站了起来，接着又坐下，说："也是罪有应得。金有权，陈杏元是你岳父许配给你的，现在我把陈杏元断给你。你去后堂收尸去吧。"金有权忙跪下来说："老爷，我要死人有什么用？我不要了，请老爷断给别人吧。"海瑞又追问一句："当真不要，说话要算数。""不要了，算数，算数。"金有权连摇头带摆手。

海瑞再问金维钱，金维钱的回答也是一样。还没等海瑞问梅生，梅生已哭着跑向后堂。

哪晓得，这是海瑞一计。那陈杏元好好的，一根头发都没伤，见梅生哭着跑过来，忙迎上去。两人来到大堂，双双跪谢海大人，欢欢喜喜回家去了。

91. 李桐的八股文章本来做得很好，但他知道不少房考官水平有限，看不出文章高下；有的又草率阅卷，只要文章头几句不对他胃口，便压在一边不荐送主考官审阅。如果考卷落到这类房考官手里，再好的文章也会被埋没。于是，李桐挖空心思想出个险招儿，故意在破题上闹个笑话，这一来就会吸引各房考官的注意，甚至惊动主考官。这时候，是好文章就一定会被发现。至于什么梦见金甲神之类的鬼话，当然是李桐胡编出来的。

92. 法官裁决金砖应归那头骡子所有。两位淘金者都不可能背着那块金砖走出 10 码开外，因为那块金砖的重量超过 300 磅。

93. 日期的写法不对。科伦坡刑警看了遗书上的日期便起了疑心。假如真是英国人写的，那么 1990 年 3 月 15 日就应该是"15. 3. 90"。英国人首先是写表示日的数字，然后才写月的数字。然而，美国式的写法正相反，是月字在前，日在后，即"3. 15. 90"。另外将 3 月 15 日用斜线隔开时，英国式是 15/3、美国式是 3/15。

94. 怀特先生说，这股风在一个方向上给飞机速度的增加量等于在另一个方向上给飞机速度的减少量。这是对的。但是，他说这股风对飞机整个往返飞行的平均地速不发生影响，这就错了。

怀特先生的失误在于：他没有考虑飞机分别在这两种速度下所用的时间。

逆风的回程飞行所用的时间，要比顺风的去程飞行所用的时间长得多。其结果是，地速被减缓了的飞行过程要花费更多的时间，因而往返飞行的平均地速要低于无风时的情况。

风越大，平均地速降低得越厉害。当风速等于或超过飞机的速度时，往返飞行的平均地速变为零，因为飞机不能往回飞了。

95. 长方形的宽是 $200 \div 5 = 40$（米）；长是 $320 \div 4 = 80$（米）；面积就是 $80 \times 40 = 3200$（平方米）。

96. 篮球只数是：$12 \div 2 = 6$（只）

　　排球只数是：$12 \times 2 + 6 = 30$（只）

97. $763 \times 99 + 237 \times 99 = 99000$（米）

98. 第一次相遇时两车所走路程的和，正是两站的距离。当两车合走两个站的全路程时，第一列车走 40 千米，但第二次相遇时，两车合行的路程是两站距离的 3 倍。所以这时第一列车行的路程是 40 千米 $\times 3 - 120$ 千米。可是第一列车已从乙站返回 20 千米，所以两站距离 $= 40$ 千米 $\times 3 - 20$ 千米 $= 100$ 千米。

99. 因为 $3AA1$ 能被 9 整除，所以 $3 + A + A + 1$ 的和一定是 9 的倍数。四个数字之和只可能为 9 的 1 倍或 2 倍。

$3 + A + A + 1 = 9$　　$A = 2.5$（不符合题意）

$3 + A + A + 1 = 18$　　$A = 7$（符合题意）

验算：$3771 \div 9 = 419$

100.（一）$111 - 11 = 100$

$$33 \times 3 + \frac{3}{3} = 100$$

$$5 \times 5 \times 5 - 5 \times 5 = 100$$

（二）$(555 - 55) \div 5 = 100$

$$55 + (5 + 5 - \frac{5}{5}) \times 5 = 100$$

$$5 \times 5 + 5 \times 5 + 5 \times 5 + 5 \times 5 = 100$$

101. 故事书：$170 - 30 = 140$（本）。一共有 $170 + 140 = 310$（本）。

102. 纵横每排增加 1 人，加出后的排数比原来排数多 2 排。这里，应注意角上的重复。原来多余 28 个，若纵横每排增加 1 位，还缺

少25位，可见原来的2排数是28＋25－1＝52位。原来每排是：52＋2＝26（个）

共有学生：26×26＋28＝704（个）

103. 56只小动物住9间宿舍，假定每间都住6只小动物，根据算式56－6×9＝2（只），还多2只小动物，这2只小动物有可能住同1间宿舍，也有可能住在2间宿舍里。因此，至少有1间宿舍里住7只小动物或更多些。

104. 这间房间的面积是12×8＝96（平方米），换算成分米的话，是9600（平方分米）。每块地砖的面积是4×4＝16（平方分米）。9600÷16＝600，也就是说，铺这间房间，需要600块地砖。

105. 小獾共有450本书，现在三层里的书本数相等。即每层里的本数是：

$$450 ÷ 3 = 150（本）$$

第一层里的书是从第二层里拿进35本，后又拿出29本放到第三层里去后才是150本的，拿进35本，又拿出29本，实际上拿进了35－29＝6（本）。原来第一层里有：150－6＝144（本）。

第二层里的书是拿出35本放到第一层里，又从第三层里拿进2本后才是150本。拿出35本，又拿进2本，实际上拿出了35－2＝33（本）。第二层原来有书：150＋33＝183（本）。

第三层里的书是从第一层里拿进29本，又拿出2本给第二层后才是150本。拿进29本，拿出2本，实际上拿进29－2＝27（本）。原来第三层里有：150－27＝123（本）。

106. 猪妈妈把3只小猪留在了家。因为猪妈妈带来一只小猪后，小猪们平均分得了馒头，即每只小猪4个，16÷4＝4，原来分馒头时少了一只小猪，所以是4－1＝3只。

107. 哈哈买的是猪血，付了1元钱。把所有的数字相加，就100（分）。

108. 不对，应是5分钟。

109. 12个星期。

110. 59分钟。

111. 3108÷4＝777名卫兵。

112. 260公里。

113. 米乐仍然胜利。因为米乐跑100米时米奇才跑90米，那么离终点还有10米时，它们是并驾齐驱了。所以米乐仍能领先1米到达终点。

114. 两头猪。

115. 没亏。他只用了0.80元买铅笔。

116. 3个同学还是用了一样的力气。因为三角形的重心位于3条中线的交点，这个交点把每条中线分成了1∶2两部分。如果3人的高矮差不多，不论抬哪一个角都要承担1/3的重量。

117. 小白兔先跑到终点。因为小白兔跑得快，即使小白兔让给乌龟20米，但乌龟要达终点，还是要比第一次多爬20米。小白兔同样多20米，当然先跑到终点。

118. 在7截烟蒂中，先用其中6截接成两支烟，还剩下一截，再加上这两支吸剩下的烟蒂，又可接成一支烟吸，他正好吸了3支。

119. 原来，两位父亲和两个儿子是祖父、父亲和儿子的关系。祖父给儿子（父亲）800元，父亲又从中拿出300元给儿子。因此，两个儿子的钱加在一起只有800元钱。

120. 小能原来的苹果有7个，而小明只有5个。

121. 4个朋友应该先是小飞，再下来是小红，接着是小兰，最后是小玲。

122. 两次

把8个球分成3、3、2三组，把3个球和3个球分别放在天平的两端。如果天平平衡，重球就在剩下的两个中，放在天平中一称就可以了。如果天平不平衡，重球一定在重的那一端，把这组球任意拿出两个放在天平上称，如果天平平衡，那么一定是其中的第三个，如果天平不平衡，就是重端的那个球。所以只有两次就够了。

123. M 为偶数概率为 0%；M 为奇数概率为 100%。

124. 用 1、2…10 为十个箱子编号，然后从第 1 个箱子拿出 1 个苹果，第 2 个箱子拿出 2 个……第十个箱子拿出 10 个，把这些梨放在一起称，看与 55 斤相差几量，则第几箱就是装 9 量梨的箱子。

125. 1 小时 58 分钟

在第一种情况中，第二秒的时候，温室内有 2 个食用菌，它分裂到最后填满整个温室，需要的时间就是除去最先由一个分裂为两个食用菌的时间，即 2 分钟。就是说 2 个样菌分裂满一瓶需要 1 小时 58 分钟。

126. B

127. D

根据上述内容所作的类比分析是：针对对飞机的发明、设计制造和改进并不是基于对鸟的研究，由此，所谓人工智能的研究也不是针对对人思维的生理和心理机制的研究。显然是把对人类思维的生理和心理机制的研究基于对鸟的研究；把人工智能的研究基于对飞机的发明、设计制造和改进。D 项和 C 项都与上述的问题相干，但显然 D 项比 C 项列恰当。

128. 忙人可以掰成 1，2，4 三份：第一天拿 1 条，第二天拿 2 条再还 1，第三天拿已还的 1 条，第四天拿 4 条还 2＋1 条，第五天拿 4 条（拥有的）＋1 条，第六天拿 4＋2 条还 1 条，第七天拿所有的金条。

129. 孩子说："房东叔叔，我现在还没有孩子"。

130. 根据以上所述，首先打开第一个开关 10 分钟，再关上，当打开第二个开关时，进去。这时所亮的灯由第二个开关控制，不亮的

灯可以用手摸一摸，如果灯泡热的话，那么由第一个开关控制，然而另一个由第三个开关控制着。

131. 40 瓶

首先考虑到1元钱最多能喝多少瓶汽水。可以先把一瓶汽水喝完余1个空瓶，然后借商家1个空瓶，再用2个空瓶换1瓶接着喝，喝完后把其中一个空瓶还给商家。因此1元钱最多能喝2瓶汽水。20元钱也就最多能喝40瓶汽水。

132. 这道题重要的是如何利用现有的布袋。先把王婶的布袋翻过来，把张姐的荞麦倒入王婶的布袋里，扎上绳子。然后把王婶的布袋的上半截翻过来，倒入高粱。再解开王婶布袋的绳子，把下面装的荞麦倒入张姐的布袋里。

133. 3 个人

设有 a 个红帽子。

a=1，则戴红帽子的第一次就看到其他人都是蓝帽子，那么自己就肯定是红帽子。所以该打耳光。但第1次没有声音，说明至少有2个红帽子。

a=2，第一次关灯后没人打，说明红帽不止一个，所以第二次如果有人只看到别人只有一顶红帽子的话，就能判断自己头上是红帽子，就该打耳光，但没人打，说明至少有3个红帽。

a=3，由于前面的两次没人打耳光，所以至少3顶红帽。再一次开灯后，有人打耳光，说明打耳光的人看到其他人只有两顶红帽，所以能判断自己头上是红帽。

134. 因为考察队员位于北极点上。

135. 因为A是色盲；B患过小儿麻痹；C有口吃的毛病。因此A不会是画家，B不会是篮球队员，C不会是翻译，从小孩看篮球队说的话来讲，A是篮球队员，且男性，而且B和C一个男的一个女的。

又因为画家把孩子放在姑妈家，所以画家是男性，而翻译是女性。

C 口吃，所以只能是画家，所以就可以知道：A 是男性，篮球队员；B 是女性，翻译；C 是男性，画家。

136.4 周，9 周

小环的自动所转的周数只和它本身圆心的运动轨迹与它的半径有关。意思是小环在大环内部时，它的圆心的运动轨迹为半径为 4 的环，所以为 4 圈。而当小环在大环外部时，它的圆心的运动轨迹为半径 9 的环，所以为 9 圈。

137. D

根据本题的内容可以知道这是一个相对概率而不是绝对概率，相对来说，红＞黄；黄＞绿；绿＞红，相当于剪刀包袱锤的情况，应选择 D。

138. D

在上述内容中，兄弟俩说的"野鸭子吃小鱼"和"野鸭子吃小虾"都有可能性，也许一部野鸭子吃小鱼，另一部分野鸭子吃小虾，也许是野鸭子小鱼和小虾都吃。因此他们的话不矛盾，只是他们的思想很片面，只看到了野鸭子某一种行为，各执一词，争论不休。在 D 选项中，爸爸用他们俩的爱好进行类比，说明每个人都有不同的爱好，每个人也有不同的行为。因此比喻得当，兄弟俩也就服气了。

139. 小刚第一次拿 4 个

如果后面小强拿 n 个甲就拿 6－n 个（n 为 1，2，3，4，5 中任意数），

因为他们两个拿球的顺序是：

小刚小强……小刚小强小刚

所以，到小刚的时候已经拿了 4＋（5×18）＝94 个

最后小强无论拿多少 n（n 为 1，2，3，4，5 中任意数）个，剩下的（6－n）都是小刚拿走的。

140. 预言家说：你将绞死我。

看似预言家无论说什么就得死，其实不然。如果他预言：你不会处死我，那你肯定让我绞死，因为我预言错了。如果他预言：你会处死我，你肯定让我服毒死，因为我预言对了。所以，想到这里，便知道自己必死，他只能预言服毒死或绞死。假如他说服毒死，就预言对了，就会服毒而死。假如他说绞死，第一种情况，国王会绞死他，因为预言正确，与让他服毒死相矛盾；第二种情况，国王让他服毒死，预言错误，与让他绞死相矛盾；因此，国王无论如何也不能处死他。

141. 同时燃两根绳，一根烧一头，一根烧两头；等一根燃尽，将另一根掐灭备用。标记为绳2。然后再找一根相同的绳子，标记为绳1。燃一头绳1需要1个小时，再燃两头绳2需十五分钟，因此，用这样的方法可计时一个小时十五分钟。

烧一根绳，总共需要时间是1个小时。由此可知，绳的两头同时烧共需半小时。如果同时烧两根绳子，那么其中将一根绳子烧一头，一根绳子烧两头；当两头的绳子燃完时，时间共需要半小时，烧一头的绳继续烧还需半小时；假如这时将烧一头的绳的另一端也点燃，那么只需十五分钟。

142. 唐纳注意到在纪念品中有一件鱼目混珠的物品，即那个企鹅标本，它是罪犯留下的而不是老探险家的，因为企鹅仅生长在南极。

143. 轮胎中注入高压的氰酸气。

犯人在前一天晚上悄悄潜入被害人的车库，施行此伎俩。

隔天早上，被害人准备从车库开车出去时，注意到轮胎异常膨胀。就这样行驶很危险，所以他扭松了打气孔。毒气瞬间喷出，他吸入后致死。

这个手段在美国推理作家阿萨·波吉斯的短篇中也出现过。

检查轮胎可得小心！

144. 是第三发命中的。

击中女头目的B弹孔是第三发子弹。

后发射的子弹，其裂纹在先发射的子弹裂纹处被挡住停下。所以顺次查一下有两种裂纹交叉的地方，就会知道子弹发射的顺序是D—A—B—C。

145. 被拘留的是巴克斯。此人知道被害人当时是在锁房门，而不是开房门。他一定是一直窥视着这座房子，否则他不可能知道被害人是要出门还是要回家来。

146. 利用蜡纸试验即可得知。

发射子弹时，爆发的火药微粒会附着在手、衣服的袖口上面。进行这项检查就可以利用蜡纸试验。

在手或袖口上涂蜡，蜡凝固之后剥除，就可以利用特殊的科学药品，检查是否上面有火药微粒附着。

因此，即使那位富家太太伪装他杀，并让凶器手枪沉入水底，由于手上会留下火药屑，借此立刻能证明她是举枪自杀而死。

147. 假如那个纯银烛台真的是自*1956*年起就藏在麻袋里埋在洞内，*30*多年后它就应该晦暗无光，而不是闪闪发亮。

148. 凶手是住*314*室的高木和彦。

被害人手里握着的麻将牌，是意味着圆周率的π（牌）。圆周率是*3.1416*……无限的数，一般是按*3.14*计算。

被害人因是数学教师，所以在断气前的一瞬间，抓到身旁的一张牌，告诉人们凶手是住*314*室的人。

149. 根据死者身上的马表。

被害人是田径教练，所以平常身着运动服装，都会随身携带马表。

在被凶手击中头部倒下时，压力使他按下马表按钮，于是表针开始转动。团侦探在他的口袋里找到马表时，表针正好指在*21*分*36*秒。

150. 轿里的新娘是一名妓女假扮的。小偷根本不认识新娘，却煞有介事地和假新娘对质起来。

151. 左侧是犯人。

从后面看，左侧是犯人。警察铐住犯人的右手，而铐住自己的左手。假如犯人不老实，就用自己的右手制服对方或迅速掏枪。

如果押送的警察是个左撇子，那么相反他有可能铐自己的右手。

152. 铁轨也是线路之一。

因为所有道路都被封锁，所以梅琦将赛车开上铁轨，沿着铁路线逃逸。

左右两轮的宽度并不比两根铁轨宽，可以直接在枕木上行走。虽然车体上下晃动，但行车无障碍。并且由于最后一班列车已经通过，不必担心后方来车。这是单向铁轨，更不怕与来车对撞。

警方只封锁汽车通行的道路，梅琦利用警戒线出现的盲点，成功逃逸。

153. 芝加哥和纽约有一小时的时差。

东西宽广的美国共有4个标准时间，分为东部、中部、山岳部、西部标准时刻。芝加哥和纽约有1小时的时差。

团侦探看见梅琦的手表比纽约时间（东部标准时间）快了1小时，立即识破她在芝加哥（中部标准时间）的事实。

梅琦从芝加哥驱车过来，进入东部标准时间带时，忘了将手表调快1小时，露出了马脚。

154. 阿格瑟确定那人是罪犯，是因为他知道失窃的是珠宝店，而阿格瑟一直未向那人提过这一点。

155. 看到前箱盖上印着猫走过的泥爪印，刑警便揭穿了那个家伙的谎言。

寒冷的冬季，猫所以喜欢爬到前箱盖上去，是因为那里暖和。

罪犯抛下被撞的行人不管，逃回家中，将车存放在车库内。但是，那之后发现马达停转，但前箱内的热不会马上冷却，对于猫来说是很好的取暖设备。

在逃离现场之前，如果猫上过前箱盖的话，因为前些天持续干燥天气，也不会留下泥爪印的，在逃离现场事件前后，下了雨，车库旁的院子地面是湿的，所以，猫才是泥爪子爬上了车箱。

156. 拇指应该是晒黑了的。

写生油画时，因一只手端着颜料板，所以这只手被颜料板遮住晒不着。但是，只有拇指露在颜料板的窟窿外面，照理是挨晒的。而北厚美保子的左手，5 个指头都象白鱼一样白，所以才引起团侦探的疑心。

157. 梅尔挖空心思地想给哈莱金一个案发时他不在现场的印象。但是他不敲门而敲窗户以及从台阶上跳上跳下的行为已表明他知道门和台阶是刚刚油漆过的。

158. 驯教长臂猿的时候，A 是装扮成 B 打开房门的。因此，真正到了该开枪的时候，这只长臂猿在不熟悉的人物 B 开门时未理解，所以，没有扣动扳机。

随后，其主人 A 来查看情况时，却是训练时的做法，长臂猿因条件反射开了枪。因枪膛内装的是子弹，A 一命呜呼。

159. 马丁是伪造遗嘱进行讹诈。遗嘱不可能签署于 *11* 月 *30* 日夜 *1* 点钟，因为 *11* 月只有 *30* 天。

160. 凶手是宠物医院院长。

扑克牌的"Q"代表女王，亦即女性。三位嫌疑犯当中，只有宠物医院院长是女性。相扑力士及歌舞伎演员都是男性。

被害人为了指出凶手是女性，于是在临死前握住 Q 这张牌。

161. 犯罪团伙利用鸵鸟的胃走私钻石所为。

鸵鸟有个与众不同的特殊的胃，能吞小圆砾石或小石子。杂食性的鸟因没有牙齿，所以用沙囊来弄碎食物帮助消化。这种小石子不排泄，永远留在胃中。

因此，罪犯在从非洲出口鸵鸟时，让其吞了大量的昂贵钻石。这样一来，便可躲过海关的耳目，走私钻石了。而且在入境成功后，再杀掉鸵鸟，从胃中取出钻石。

162. 正在劫机犯讲演时，机长操纵机体突然下落了大约 50 米，紧接着又上升了 30 米左右，造成"空中陷阱"的现象。由于两名劫机犯站在过道上没系安全带，所以头重重地撞到了机舱顶篷，倒下休克了。乘客和乘务员们都系着安全带，所以平安无事。空中陷阱，也叫作"乱气流"，指空中因气流下降等原因，使飞机突然下落的现象。

163. 梅琦在化装强盗进入邮局之前，先至邮局寄了一份包裹。包裹的住处正是她的秘密藏身处。

之后，再化装成蒙面强盗进入，偷取现金后，解开原来的包裹，将现金全部置于包裹内，再恢复原貌。如此一来，没有人会想到，事件发生前接受的包裹竟然藏着窃盗物品。连局长也疏忽了。

由于梅琦蒙面进入邮局抢劫，行员们虽说看到了以真面目抢劫的梅琦，也不知道她是抢匪。

3 天后，包裹依收信人的地址，送至梅琦所藏身的住处。

164. 在圣诞节前天，肯特是无法利用太阳光在北极圈内生火的。因为从当年 10 月到大约第二年 3 月期间，北极圈里是没有阳光的。

165. 从村长家借来 1 头就是 8 头了。长子分得 4 头，老二分得 2 头，小儿子得 1 头。

这样，共分掉 7 头，剩下的 1 头再还给村长就是了。

不过，虽然这不是严格遵守遗言的正确的分配方案，但这却是游牧生活实践中得出的智慧的结晶。

166. 霍金斯根据达菲右裤兜里的东西，断定达菲身上的衣服是他死后由别人给他穿上的。由于他的右臂从手指到肘部已打了石膏，他不可能将右手插入裤兜，因此他右边裤兜内应空无一物，而不应有像钱币那样常用的东西。

167. 凶手冈田安彦移动了尸体的位置。

起初，被害人用血写了 Y·O。凶手见状。为了嫁祸于情敌小川久雄，而将尸体移到相反的位置上。这样一来，Y·O便成了o·h。乍一看还以为是将小川久雄的大写字头名和姓的顺序写错了。

因为是用血写在地毯上的，擦又擦不掉，与其擦掉还不如嫁祸于情敌更好，灵机一动而做了如此手脚。

168. 这张明信片是几天前妻子自己投到信筒里的。信是写给高中时的一位同学的，由于对方搬了家，明信片被附上"收信人地址不详"的条子退回了发信人处。妻子亲笔写的明信片被没收，伪造的遗书也就露了陷儿。

169. 连结器的盲点。

列车的两节车厢连结处有钳制铁板，将此铁板推开，会出现皮革的车篷。这是为了防止乘客掉落所设计的。

梅琦从3号车偷取金块后，在回4号车时，用刀片将连结器的车篷切开，再将装有金块的箱子从切开的洞口丢下去。

如此一来，箱子就会落在铁轨正中央，已经在铁路线等待的手下，当列车通过之后，即可拾起箱子。

这种技巧的原形在西村京太郎的作品《推理列车消失》及《卧铺特快8分停车》中都能看到。

170. 饭店请来为莎阿迪治病的医师发现，她患有可怕的黑死病。如果消息公开，会吓走游客，影响饭店的收益。因此，为避免惊动游客，侍者在送给弗洛兹的茶水中掺了安眠药，让她饭后熟睡，饭店乘机将莎阿迪送往医院，但她却不治而死。

171. 罪犯将细香肠塞进煤气橡皮管口处，并且不仅给被害人服用了安眠药，同时也给斯皮兹狗也服了安眠药，让他们睡着后，下午8点左右，打开煤气开关离开现场。

这样，虽然煤气开关被打开了，但橡皮管口被塞住，煤气也无法流通，但到了深夜10点左右，狗醒来后发现了香肠，想吃掉它，咬着拔了出来，于是，煤气大量泄漏出来，约30分钟后被害人中毒死亡。

当然，斯皮兹狗也会一起死去。罪犯如果不用绳索拴住狗，狗是被喷出的煤气惊动后撞开门跑出室内的，如果隔扇打开，煤气会扩散开来，短时间内也不能使被害人中毒死亡的。

172. 利用大货车的影子。

幸运得很，有一辆大型货车正好朝同一个方向行驶，于是梅琦将车开入大货车的影子内，并排前进。

这样她就晒不到太阳了。

173. 被害人手里紧握着的苹果馅饼是一种暗示，也就是留下的犯人线索。这馅饼英语叫"Pie"，而"pie"在希腊语就是π。这π代表圆周率，是3.14……，一般以3.14来计算。那块馅饼所暗示的就是凶手住在3楼14号房间。鲁柏也爱好数学，他临死时极力想留下凶手的线索，而想到了那块没吃完的馅饼正好可以用来作为暗示，便紧紧地把它抓住不放。

174. 白色咖啡杯的杯口上没有死者的口红痕迹，因而引起了救护人员的怀疑。

如果水泽信夫的妻子自己化妆后喝下放有毒药的咖啡自杀的话，那么杯口上一定会留下口红的痕迹。信夫在毒死妻子以后，才给妻子化的妆。当时他忘了给咖啡杯上也抹点口红。

175. 006号用打火机将闹表字盘的外壳烧化。因外壳是塑料的不耐热，很快就像一粒糖一样溶化出一个洞，再用速干胶从洞伸进去将表针固定住，这样表就停了。只要表针不动，无论什么时候也到不了4点半，炸弹就不会引爆。

176. 用长长的纸条拴在手枪上，将其一端让山羊叼在嘴里，然后用手枪自杀。

这样，山羊是最喜欢吃纸的，山羊吞食纸条将手枪拉近羊圈。为不留下纸条的痕迹，农民早晨没喂羊，羊越饿吃得就越干净。

这种手段在楠田匡介的短篇《影事杀手》中出现过。

177. 游船逆流航行的速度等于它在静水中的航行速度减去水流速度。沿河顺水航行时，则要加上水流速度。装珠宝的盒子漂在河里，其移动速度和水流速度相等，以游船在静水中航行的速度同游船拉开距离。游船开始返航后，船与盒子之间的距离又以同样速度开始缩短。由此可见，从盒子落水到船开始返航，以及从船开始返航到与盒子相遇，这两段时间是相等的，即1小时15分钟。这样就可以确定盒子是游船开始返航前的1小时15分钟，也就是12点15分被扔下船的。这时只有布朗夫人不在人们的视野里，因为女清洁工在自己船舱里洗衣服，而斯米特夫人正在斥责服务员，所以盗窃珠宝的只能是布朗夫人。

178. 这是联手作案。那位绅士和同谋犯租下相连的两个房间，那人从他房里把绅士房里的保险柜背面烧割挖洞。不管你前面如何上锁，在后面把盖子掀开，很容易就能把钻戒拿出来。

179. 是把狐狸的胃囊当成水袋使用的。

把胃囊洗干净，再把上面的食管系成死扣，装进水。每个胃囊可以装2杯水，3只就可以足够4天的饮水了。

180. 注意荧光涂料。

那个时钟的文字盘数字及针上有荧光涂料。在灯光照射之下，即使光消失了，荧光涂料还会持续发光一会儿。

梅琦进入卧室装电话窃听器时，打开桌上的日光灯。当她听见门锁的声音时，立即将电源关掉，但时钟的荧光文字盘及指针还是显现青白亮光。

进入卧室的团侦探，在黑暗中注意到青白亮光，察觉到刚刚有人在卧室内开灯，立刻判断有侵入者。

181. 殡仪员是真正的凶手。他进诊所时，陌生人已经换上干净的衣服，并且吊着手臂，他不应知道陌生人是背部中弹。

182. 12点5分。

计算方法很简单。

只要将最快的时钟（12点15分）减去快最多的时间（10分）即可。

另外，最慢的时钟（11点40分）加上慢最多的时间（25分）也可以。

183. 大仲马买了一张价值6法郎的门票，这样，剧院获利超过6万法郎了。

184. 泳衣的颜色变了。

梅琦穿着的红色比基尼泳装会随温度改变颜色（温感变色衣料）。

所谓温感变色衣料，就是掺入超微粒子（micro capsule）的特殊树脂涂料制成的衣料。在直射日光下是红色泳衣，遇到海水后温度改变，泳衣也跟着变成其他颜色。

而且，她在泳帽之外还戴泳镜。泳镜一戴，连脸都遮住了。她混杂在众多泳客当中，团侦探只注意红色泳衣、泳帽的女性，当然很好脱身了。

这种使用新素材衣服的技巧，见于齐藤荣的《雪之魔法阵》。这本小说是利用潜水衣，钻入雪中，使衣服的颜色改变，骗取目击者。

185. 牛的鼻子前端无毛部位有皱纹，其皱纹是各不相同的，可谓鼻纹，与人的指纹一样终生不变。

受害人农夫在小牛出生时，在小牛出生登记证书上印上了鼻纹，将其鼻纹与罪犯养的6头牛的鼻纹对照时，断定其与自己的牛一致时，认定是自己的牛。

186. 年轻人拿来的那个领带夹不能成为破案的线索。因为死者被谋杀时戴着领结，不可能同时再配一条领带。

187. 杀人魔恐怖的罪行。

这位中年男子杀了年轻女子之后，为了处理尸体，每天吃尸体的肉。因此，除了保存用的冰块和盐之外，他只买蔬菜。烤肉沾酱就是用在这里。

那么，为什么每天锯木劈柴呢？事实上是为了运动促进食欲消化。

此谜题的原型是洛特·唐歇尼的《两瓶沾酱》当中的尸体处理技巧。这是世界短篇推理小说中，列入前10名的名作。

188. 凶器就是大挂钟上的长针。钢制的长针，前端尖锐，完全可以充当凶器。凶手用长针刺死小姐后，擦干针上的血迹，又挂回墙上，取钟上长针，如身高不够，只要用客厅的椅子垫脚即可。

189. 雷鸟随着季节的变化其羽毛颜色也变化，到了冬季，全身是雪白色，这称作冬羽。不久从春季开始到五月逐渐换成夏羽变成深褐色，是防止天敌山鹰的保护色。

因此，如果拍的褐色雷鸟，一定是夏季。

雷鸟是野鸡种中的一种，多生栖于日本本州中部山岳地带伏松生长的地带。它是长野、富山、歧阜之县的县鸟，是冰川时代遗存下来的动物，很有学术价值，被指定为特别天气纪念物。

190. 内侧的8。

没必要一一计算两方的数字总和，只要外侧最小数（1）和内侧最大数（12）总和即可。

如此一来，所有的数内外合计均为13。

191. 戈登根据死者身着睡衣进行推理，断定罪犯就是死者的那位恋人。死者的房门上有个小窥视窗，如果门铃响了，她一定会通过视窗先看清来访者是谁。如果是那个有劣迹学生的哥哥，即使他是个众所周知的无赖，作为老师的丹尼在开门前也会换好衣服，或者在睡衣外边套上一件长大衣，才会让他进来，而不可能穿着睡衣接待客人，只有来访者是她的恋人，丹尼才会随便地穿着睡衣让他进屋来。

192. 将旱冰鞋系到前轮上就可以了。

偷车人就是滑旱冰的男孩。他是将旱冰鞋绑在自行车前轮下将车骑跑的。

自行车的脚蹬是带动后轮行走的，前轮只是空转，所以即使锁上链，在车轮下绑上旱冰鞋，再蹬脚蹬子也是可以骑走的。

193. 他在手枪上拴了一根长绳，在绳的一端绑一块石头，并让石头从客舱的小窗户框到侧舷外面，然后扣动扳机自杀。这样一来，脱手的手枪就会因石头的重量被拉着通过窗户从侧舷掉到海里沉底了。然而仅仅如此，还会从扣扳机的手上验出有火药反应而识破伪装的，所以为了防止手上沾有火药微粒，他用手帕将手包上再扣动扳机。为了让手帕也同手枪一起掉到海里，手帕的一端也用绳系到手枪上。

194. 用莲蓬头消除。

只要在水龙头上加长塑料水管，犯人即可在自己的足迹上洒水后离去。

如此一来，莲蓬头的水和雨有相同的作用，能够消除足迹。在排水良好的地面，只要用莲蓬头冲水，足迹就不会留下。之后，从铁丝网外拔掉塑料管，再行离开。

195. 这位女子是某医院的护士，凭借特殊的身份知道 H 公司经理患了心脏病，并且知道他最多能活 3 个月，等到 H 公司经理一死，这位女子理所当然得到丰厚的酬金，而山田却蒙在鼓里。

196. 被害人拥有两种血型。

该被害人的血型为 O 型和 A 型。

这是极特殊的事例，就是说被害人一个人拥有两种血型。

将此称为血型嵌合。

另外，双胞胎的一方也常有两种血型，将此称为血型嵌合体。

——选自古因种基的《血型的故事》

197. 13 朵玫瑰花放在窗台的花瓶里，既已枯萎凋谢，窗台、地板和地毯上应该找到落下的花瓣，不可能"只有一点尘灰"而"没有别的东西"。所以柯南认为这些花瓣是在凶手清除血迹时一同弄掉的。

198. 梅琦进入屋内时，将送信鸽装在袋内一起带入。偷到邮票后，她将邮票装入信鸽的脚罐中，再从窗户放走信鸽。之后将纸袋撕碎，放入口袋。

如此一来，盗窃品便能借信鸽送回住处。就算自己在现场被捕，也不必担心被搜身。既然搜不出窃盗品这项证据，嫌疑也就洗刷了。

团侦探发现碎纸屑上有鸽粪，才注意到利用送信鸽的技巧。

199. 凶器是煤气炉上正烤着的那条青花鱼。

什么？用生鱼也能打死人？

鱼，的确是鱼，不过是冻得硬梆梆的冷冻鱼。那女人用这条冻鱼将丈夫杀死后，又马上放到煤气炉上去烤了。

200. 施某在沈某不在家这段时间中，训练狗一听到电话铃响，就立刻袭击人，星期一的早晨，施将狗带到沈家，然后到实验室上班，到了中午，施打电话给沈，狗听到电话铃声，就以受训时的习惯对沈发起进攻。

201. 向日葵花是向着太阳的，1、2、4同方向，是真的，只有3是人造的，不同的方向。

202. 是老板的外甥杀的。不灭尸的原因是法律规定，只有人确定死亡后，其遗产才能被继承；如果尸沉大海，只能被认作失踪处理，其遗产不能被继承。

203. 情报员明白若飞机降落低于2000米的机场，就会发生爆炸，因此，示意驾驶员飞往那些地势高于2000米的国家，降落在他们的机场，那就安全了。

204. 那人拿起钻石假装端详的样子，趁店员不注意，迅速用口香糖将钻石粘到桌子下面，然后再取出假钻石故意掉在地下好让店员去捡。

答案：这样便顺利地赖了一笔钱，而且在离去时将真钻石连同口香糖一起拿走。而店员在事后调查时发现，在桌子下面确实有口香糖粘过的痕迹。其实，读者只要能记得那人嘎巴嘎巴嚼口香糖的记述，这个案子也就不难破了。

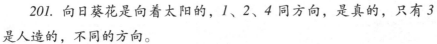

205. A 嫁给乙、丙娶 B、甲娶 C。

206. 偷画册的是施托尔茨太太，沙茨从她的谈话中发现了破绽。既然她有高度近视，而且又忘了戴眼镜，怎么能看清离她几米远的朗拜因手里这本书的书名呢？

207. 有一辆汽车与火车平行行驶，它跑的速度和列车一样快，汽车和火车处于相对静止状态。然后，从汽车上伸出一块跳板，伸到火车顶上，贼就可以在两车之间自由来往了。